Kompendium til Grønlandsk 1

Kompendium til Grønlandsk 1, 4. udgave

Hovedforfatter: Liv Molich med bidrag af Flemming A. J. Nielsen, Liv Larsen og Kenneth Wehr

Forlag: BoD · Books on Demand, Strandvejen 100,
2900 Hellerup, bod@bod.dk
Tryk: Libri Plureos GmbH, Friedensallee 273,
22763 Hamborg, Tyskland
ISBN: 978-87-7691-820-0

Indholdsfortegnelse

Indledning – siulequt

Her får du en samling af ord, grammatik og viden om Grønland, som du kan starte dit grønlandseventyr med.

Til at begynde med kan du kigge på eksemplerne og ordene og prøve at bruge dem i din by/bygd/vennekreds. Men for at lære grønlandsk bliver du også nødt til at lære lidt grammatik. Det hjælper vi dig med på kurset.

Du kan se ordforklaringer, skemaer og andre oversigter bagest i bogen. Ikke alle de forklaringer, du får, er helt præcise, men følger du også de næste kurser, skal du nok få de manglende forklaringer også.

I 4. udgave er der kommet ekstra mange øvelser med i kompendiet.

Bogen er blevet til i samarbejde mellem grønlandskundervisere og med input fra venner og kursister. Vi vil altid gerne gøre det bedre – giv meget gerne feedback direkte til din underviser, www.Greenlandic.dk, eller skriv til mail@Greenlandic.dk. Vi vil også meget gerne høre fra dig, hvis du mangler nogle bestemte sætninger, øvelser eller andet.

God fornøjelse – ilinniarluarina!

God udtale – taaguillaqqinneq

De fleste lyde på grønlandsk udtales, som de skrives. Hvis du lærer bare ganske få udtaleregler, kan du hurtigt få en meget flot udtale. Der er ikke stumme bogstaver i grønlandsk.

Grønlandske konsonanter er "upustede". Så p, t, k udtales omtrent som dansk b, d, g.

- p udtales b, som i *bil*
- t udtales t før i og e og s, som i *tit*, og ellers som hårdt d, som i *dit*
- k udtales som hårdt g, som i *gul*

I øvrigt har grønlandsk kun ganske få konsonantlyde, som er lidt svære for danskere:

- g udtales blødt, som i *kage* (udtalt gammeldags)
- gg udtales som i tysk *ich*
- rr udtales som i tysk *ach* eller som i spansk *jalapeños*. Ét r udtales som dansk *bageri*
- ll er et langt, ustemt l. Det udtales nogenlunde som i *plask*
- q er den lyd, som kommer, når du vil sige r, men lukker helt for luften. Du kan danne lyden ved at sige *vårgrøn* med åben mund på *vår* og uden at lukke munden ved *grøn*

Der skelnes skarpt mellem korte og lange lyde. En enkeltstående konsonant udtales altid kort, og en dobbeltkonsonant udtales altid langt. Et enkeltstående m udtales altså som i *fremmede*. Et dobbeltskrevet mm udtales som i *fremmøde*.

Der forekommer kun få konsonantkombinationer i grønlandsk:

- r plus en anden konsonant og
- ts
- ng er én lyd, ligesom i *sang* eller *gynge*

Konsonantkombinationer skal også forstås og udtales som lange konsonanter:

- ved r-kombinationer som *arnaq og iserpoq* udtales konsonant nr. 2 langt
- ts udtales som et langt "Tivoli-t" som i *nattog* og *hattrick*

Grønlandsk har kun tre grundvokaler: a, i, u som dansk *han*, *tit* og *fuld*.

e og o er alternativer for henholdsvis i og u. Vokaltegnene e og o bruges kun foran q og r. Før r eller q er vokalerne åbne næsten som dansk *ak* (a), *kværk* (e), *kort* (o). To ens vokaler udtales langt og uden stød næsten som britisk engelsk *band* (aa), *car* (aa), *teen* (ii), *purse* (ee), *cool* (uu), *ball* (oo).

Dine første ord – oqaatsitit siulliit

Du kender nok allerede nogle grønlandske ord. Få talesyntesen Martha til at læse
dine første ord op, og øv dig i at udtale dem. Her er nogle eksempler:

aluu / haluu – hej

takuss' (takussaagut/takussavugut) – vi ses

qujanaq – tak

illillu – det var så lidt / og dig / i lige måde

illimmi – hvad med dig?

suu / aap – ja

naamik – nej

immaqa – måske

aajuna / aana – her er den

takanna – værsgo!

ajunngilaq – det er fint / ok / han har det godt

aamma – og / også / mere

pillugu / pillugit – vedrørende én ting / vedrørende flere ting

naalakkersuisoq / naalakkersuisut – landsstyremedlem(mer), minister/ministre

kapisilik / kapisillit – én laks / flere laks

tuttu – rensdyr

mattak – hvalhud

anaana – mor

bussi – bus

ateqarpunga – jeg hedder

kaffeqarpoq – der er kaffe

ajorpoq – den er i stykker

apannga – kys mig!

iggu! – hvor er du sød!

torrak – sejt, cool, fedt

pikkori / pikkorik (pikkoripputit) – du er dygtig

Find selv frem til flere ord og udtryk ved at spørge dine grønlandske venner og bekendte.

Støttesætninger – oqaaseqatigiit siulliit

Det er altid godt at kunne sige et par sætninger på grønlandsk, fx når du skal have hjælp. Indtil videre skal du bare lære dem udenad – senere får du forklaringen på, hvorfor man siger, som man gør, og mulighed for selv at ændre sætningerne, så de passer bedre til dit behov.

utoqqatserpunga – undskyld

ikiulaarsinnaavinga? – kan du venligst hjælpe mig?

ikiulaannga! – hjælp mig venligst

qujanaq ikioramma – tak, fordi du hjalp mig

qujanarujussuaq – mange tak

naluara – det ved jeg ikke

åårsh (asuki) – det ved jeg ikke

paasivakkit – jeg forstår dig

paasinngilakkit – jeg forstår dig ikke

paasivisinga? – forstår I mig?

nipaarsaalaarit – vær venligst stille

qallunaatut paasisinnaanngilanga – jeg forstår ikke dansk

kalaallisut qanoq taasarpaat? – hvad hedder det på grønlandsk?

kalaallisut oqalulaartarpunga – jeg taler lidt grønlandsk

utaqqilaarit – vent lige

arriitsumik utilaaruk – gentag det lige langsomt

sumiippa? – hvor er han/hun/den?

qanorooq? – hvad blev der sagt?

Er det svært at udtale især lange ord? Så marker, hver gang du har to konsonanter (dog ikke ng) og to ens vokaler lige efter hinanden. Dér skal du stoppe og/eller gøre lyden lang:

utoq|qat|ser|punga   udtal qq næsten som afgrøde. ts som midttrafik. rp som edderkopben.

ikiulaar|sin|naavinga?   udtal aa som fare. rs som barsel. nn som hannæsehorn. aa som hane.

Det, vi i virkeligheden gør, er at farve de lukkede eller tunge stavelser. Her vil du naturligt ofte gå lidt op i tone. Husk, at du også kan bruge talesyntesen Martha.

Grønlandske og ikke-grønlandske ord

Nogle få grønlandske ord bruges også i dansk, fx *kajak, iglo, inuit* og *anorak*.

En *qajaq* er en aflang båd lavet af et træskelet betrukket med skind, som mænd roede i med en pagaj. Der er en krydderurt, der hedder *qajaasaq* (kajak-lignende), fordi dens blade ligner små kajakker. Det fortælles, at planten på dansk hedder *grønlandsk post*, fordi posten blev bragt ud med kajak i gamle dage. I virkeligheden stammer navnet på planten nok ikke derfra, selvom det er rigtigt at kajakmænd i 1700- og 1800-tallet gjorde tjeneste som postbude. En konebåd (*umiaq*) var til kvinder, børn, proviant, telt og en enkelt gammel mand, som styrede båden.

Iglo er en gammeldags stavemåde af det grønlandske ord *illu*. Det betyder *hus*. Alle bor i helt almindelige boliger i Grønland. Men mange steder kan man se tørvehuse lavet af tørv og sten, som man tidligere boede i om vinteren. Man bygger snehuse (igloer) for sjov, eller til ly under fangstture om vinteren. Det er ikke alle steder, der er sne nok til, at du kan bygge en iglo.

Inuit betyder *mennesker*. Det kan bruges specifikt om arktiske folk, men betyder også mennesker i almindelighed. Ét menneske er en *inuk*, og det er et meget almindeligt navn, især til drenge. Nogle mener, at Grønland bør hedde *Inuit Nunaat* (menneskenes land) i stedet for *Kalaallit Nunaat* (grønlændernes land).

En *annoraaq* (anorak) er en jakke eller trøje, der trækkes over hovedet. Den har en hætte på. Oprindeligt var det overtøj lavet af skind, men i det moderne grønland er det mændenes festklædning i stedet for skjorte. Den er ofte af hvidt stof, men kan også have andre farver.

Du kender nok også ord, som i virkeligheden ikke er grønlandske, fx *kaffemik*. *Kaffemik* hedder på grønlandsk *kaffillerneq*, hvilket betyder *at byde på kaffe*. Normalt byder man også på te og kage, og ofte også mad. *Kaffemik* er sammensat af *kaffe* og den grønlandske endelse *mik* og betyder egentlig bare *kaffe* eller *med kaffe*. Du kan også støde på lignende ord som *pølsemik, kagemik, dansemik*. I sådanne ord må *mik* forstås som *fest* eller *selskab*.

Hør også, hvordan Tonny Aabo blander grønlandske ord ind i sine sange "Ajungi jungi lak" og "Asavakit ja jeg gør". Hvad betyder *ajunngilaq, qallunaaq, suna, pikkori, tuttut tututtut tuttutuuttut, -RUJUK –* og *immaqa, ajorpoq, asavakkit, asasara* og *sallu*?

Dansk i Grønland – Kalaallit Nunaanni qallunaatut

Mange, især i de større byer, taler og forstår dansk. Men nogle af ordene er eller bruges anderledes, end du kender det fra Danmark, bl.a. fordi Grønland har været norsk territorium. Har du flere ord, der skal tilføjes?

dansk i Grønland	dansk i Danmark
kurebræt	kælk, rumpeslæde
ammassat / ammassæt	lodde (fiskeart)
sildepisker	vågehval
ræklinger	tørrede smalle strimler af fed fisk, især hellefisk
alk	polarlomvie (fugleart)
elv	bæk / å / flod
fjeld	bjerg
isfjeld	isbjerg
isskosse	stykke af is der flyder i havet
grus	småsten
en fanger	person der går på jagt
at tage på fangst	at tage på jagt (ikke fisketur)
brættet	sted hvor man køber friskfanget vildt og fisk
(grønlandsk) proviant	traditionel grønlandsk mad
flyfrisk	korttidsholdbare, importerede varer eller nyligt tilflyttet person
at sidde vejrfast	ikke at kunne rejse videre pga. vejret
at rejse op	at rejse til Grønland
at rejse ned	at rejse til Danmark
heliport	helikopterlandingsplads
kysten	Grønland uden for Nuuk
dumpen	lossepladsen
chokoladefabrikken	stedet hvor natrenovationen tømmes ud i havet
vandsøen	drikkevandsreservoiret
julestjerne	stjerne, som hænger i vinduerne fra 1. søndag i advent til 6. januar
præstegæld	kirkeligt distrikt (der findes ikke sogne i Grønland)
bygd	beboet sted som er mindre end en by
GU / GUX	gymnasiet / STX
pensionistsøm	pigge til at spænde under støvlerne

Hvordan man danner ord – oqaasiliorneq

Meget af det, der på dansk udtrykkes ved selvstændige småord, for eksempel "lille", "meget", "vil gerne", udtrykkes på grønlandsk ved uselvstændige ordstumper, såkaldte tilhæng, som kombineres med ord eller andre ordstumper efter bestemte regler. Man må vide noget om de forskellige slags ord og tilhæng, der findes i grønlandsk, for at kunne bygge meningsfulde ord og sætninger.

I grønlandsk skelner man mellem verber (udsagnsord) og nominer (navneord og tillægsord m.fl.):

- Verber (v) er "gøre-ord" eller "være-ord", for eksempel *løbe*, *spise*, *sejle*, *være*, *have*.
- Nominer (n) er ord, der betegner ting (*et bord*, *luft*), noget levende (*en kvinde*, *en hund*), begreber (*kærlighed*, *rigdom*) og noget man kan forestille sig (*en drøm*, *en ide*). Den slags ord kaldes også substantiver eller navneord. På grønlandsk kan nominer også bruges til at sige noget om andre nominer (*stor*, *gul*, *fin*). Den slags ord kaldes også adjektiver eller tillægsord. Navne på personer (*Liv*) eller steder (*Grønland*) er også nominer. Det samme gælder stedord (pronominer: *du*, *jeg*).

Et verbum bygges af en **stamme** og eventuelt et eller flere **tilhæng** samt et **modusmærke** og i de fleste tilfælde en **personendelse**. **Modusmærket** markerer, hvilken slags sætning det er (fx et spørgsmål eller en konstatering), og **personendelsen** markerer, hvem der foretager handlingen.

Rod / stamme	TILHÆNG	TILHÆNG	Modus-mærke	Person-endelse	Færdigt ord	Oversættelse
ateq (n) navn	-QAR- (n-v)	-	+voq	-	ateqarpoq	Han / hun / den hedder
Narsaq (n) (stednavn)	+MIOQ (n-n)	-U- (n-v)	+vi-	-t	Narsarmiuuit?	Er du fra Narsaq?
neri- (v) at spise	-	-	+va	-	neriva?	Spiser han / hun / den?
neri- (v) at spise	-SSA- (v-v)	-NNGIT- (v-v)	-laq	-gut	nerissanngilagut	Vi skal ikke spise

v = verbum / udsagnsord; n = nomen / substantiv / navneord

I 3. person ental (han, hun, den) er der ingen personendelse. Det kan ikke ses af verbet, hvilket køn det omtalte har. +voq og +va kan derfor betyde han, hun, den eller det, alt efter sammenhængen.

Et nomen bygges af en **stamme**, eventuelt et eller flere tilhæng, eventuelt en personendelse og en kasusendelse. **Personendelsen** viser, hvem der ejer eller har nominet. **Kasusendelsen** fortæller, hvilken funktion nominet har i sætningen:

Rod / stamme	TILHÆNG	Personendelse	Kasusendelse	Færdigt ord	Oversættelse
qaqqaq (n) fjeld	+(R)SUAQ (n-n)	-	+mi (lokativ, sg.)	qaqqarsuarmi	På det store fjeld
illu (n) hus	-	-m- (mit)	+ni (lokativ)	illunni	I mit hus
atuar- (v) at læse	+NEQ (v-n)	-	(absolutiv)	atuarneq	Læsning
nuliaq (n) hustru	-	+ga (absolutiv, min)		nuliara	Min kone

I absolutiv kasus (basisformen af et nomen) er der ingen kasusendelse.

Du kan finde stammer i en ordbog. Tilhæng kan findes både i en ordbog og i en grammatik. Endelser finder man i en grammatik. Du kan finde både stammer, tilhæng og endelser bag i denne bog.

Et **tilhæng** ændrer betydningen af stammen eller det ord, som tilhænget er sat på. Man kan bruge så mange tilhæng, man vil, så længe tilhængene har den rigtige rækkefølge, og så længe det giver mening. En nominalstamme (n) skal have et tilhæng på, der passer til, nemlig (n-v) eller (n-n). På samme måde skal en verbalstamme have et tilhæng på, der hedder (v-v) eller (v-n). Tilhæng kan ændre ordklassen.

En **endelse** bruges sidst i ordet. Endelser viser, hvordan ordet hænger sammen med andre ord i samme sætning, og indeholder også oplysning om antal (en eller flere) og person (jeg/vi, du/I, han/hun/den/det/de). Verber har både modusmærke og personendelse. Modusmærket betyder ikke noget, men markerer, hvordan sætningen hænger sammen. Nominer kan have både kasusendelse og personendelse, men har det ikke nødvendigvis. Hvis et ord er et låneord og slutter på konsonant, tilføjes et 'i' før endelsen.

At sige, hvad man hedder – qanoq ateqarpit?

"At hedde" består af en rod, et tilhæng og en endelse: *ateq* (n) -QAR- (n-v) + endelse (v)

> *ateqarpoq* (han hedder)
>
> *ateqarpunga* (jeg hedder)
>
> *ateqarpit?* (hedder du?)

"At hedde noget" er en sætning der består af "at hedde" og et navn. Navnet skal stå i kasus instrumentalis (±mik/±nik).

> *Qanoq ateqarpit?* (hvad hedder du?)
>
> *Liv-imik ateqarpunga* (jeg hedder Liv)
>
> *Una qanoq ateqarpa?* (hvad hedder han/hun/den?)
>
> *Malimmik ateqarpoq* (han hedder Malik)

Forklaringen

-QAR- bruges til at pakke *ateq* ind i et verbum. Samtidig skifter ordet ordklasse fra nomen (n) til verbum (v). Et foranstående ord markeret med ±mik/±nik (kasus instrumentalis) kan fortælle noget om det nomen, der er pakket ind i verbet.

"Liv" i *Liv-imik ateqarpunga* siger derfor noget om "ateq" (navn).

Prøv at spørge dine venner, hvad de hedder. Du finder flere endelser i skemaerne bag i bogen.

Husk lydændringerne: v → p eller f, når der er en konsonant lige til venstre for det. v bliver altid til p og ikke f, når der er tale om endelser.

Mange navne grønlandiseres

Anders → *Anda*

Karen → *Kaalat/Kaarat*

Peter → *Piitaq/Piita*

Jørgen → *Joorut/Juulut*

Johannes → *Juaansi/Ujuaansi*

Julie → *Julia*

Lis → *Lissi*

Hvad hedder du på grønlandsk?

Konsonantregler – nipit

For at sætte orddelene rigtigt sammen, skal du lære nogle lydregler. Her er de vigtigste og allervigtigste konsonantregler.

<table>
<tr><td>

1. --reglen
- fjerner konsonanten til venstre

q-q → q
k-q → q
a-q → aq

ateq -QAR- +poq → ateqarpoq
inuk -QAR- +poq → inoqarpoq
ila -QAR- +poq → ilaqarpoq

</td><td>

2. +-reglen
+ fjerner ikke noget

u+g → ug
r+t → rt
u+m → um

illu +ga → illuga
atuar- +TOQ → atuartoq
illu +mi → illumi

</td><td>

2a. +-reglen
+ fjerner ikke noget.
To konsonanter bliver ens

p+t → tt
t+l → ll
k+m → mm

sinip- +TOQ → sinittoq
illit +LU → illillu
Nuuk +mi → Nuummi

</td></tr>
<tr><td>

2b. +-reglen
+ fjerner ikke noget.
To konsonanter bliver ens.
Dog ikke hvis den første er r/q

r+t → rt
q+m → rm

atuar- +TOQ → atuartoq
erneq +mut → ernermut

</td><td>

2c. +-reglen
+ fjerner ikke noget, men kan skabe nye former og lyde

p+v → ff eller pp
p+g → kk

sinip- +VIK → siniffik
atuar- +voq → atuarpoq
sinip +gama → sinikkama

</td><td>

2d. +-reglen
+ fjerner ikke noget.
Dog smelter nogle konsonater sammen

k+g → g
r+g → r

panik +ga → paniga
atuar +gama → atuarama

</td></tr>
<tr><td>

2e. +-reglen
+ fjerner ikke noget.
Dog kan q svækkes ved bøjning

q → r

erneq +a → ernera
arfeq +it → arferit

</td><td>

2f. ()-reglen
parentes viser at en konsonant nogle gange kommer frem.
Især ved vokalstammer

a (r)s → ars
k (r)s → ss

ila +(R)SUAQ → ilarsuaq
Nuuk +(R)SUAQ → Nuussuaq

</td><td>

3. fordoblings-reglen
nogle konsonanter fordobles

leq -t→ llit
gaq -p → kkap
raq -nut → qqanut

kalaaleq -t → kalaallit
atuagaq -p → atuakkap
meeraq -nut → meeqqanut

</td></tr>
</table>

Der er en del detaljer, som du ikke har fået. Blandt andet om t, om retskrivning og om vokaler. Det kommer hen ad vejen. Vi kan jo ikke lære det hele på én gang!

Regel 1 er forklaringen på, hvorfor det hedder **ateqarpoq** og ikke *****ateqqarpoq**.

Regel 2c er forklaringen på, hvor det hedder **ateqarpoq** og ikke *****ateqarvoq**.

Regel 3 skal du bruge, når vi skal sætte ord i flertal. Det ser du lidt senere.

Husk altid at bruge lydreglerne, når du bygger et ord. Du kan finde flere lydregler bag i kompendiet.

Præsenter dig selv – imminut ilisaritigit!

Det er altid godt at kunne sige lidt om sig selv. Her får du nogle sætninger, du kan gå ud og bruge. Du får forklaringerne på de næste sider.

Liivimik ateqarpunga	Jeg hedder Liv
36-nik ukioqarpunga	Jeg er 36 år
Næstvedimi inunngorpunga	Jeg er født i Næstved
Ringimi peroriartorpunga	Jeg er opvokset i Ring
Nuummi najugaqarpunga	Jeg bor i Nuuk
Arnaavunga	Jeg er kvinde
Pingasunik qatannguteqarpunga	Jeg har tre søskende
Kalaallit Nunaanni ilinniagaqarpunga	Jeg er uddannet i Grønland
Ilinniartitsisutut sulisarpunga	Jeg arbejder som lærer
LearnGreenlandicimi sulisarpunga	Jeg arbejder i LearnGreenlandic

Du kan sætte dine egne informationer ind på de blå ordstumpers plads. Hvis du vil føre en samtale, er det også nødvendigt at kunne udskifte de røde ordstumper.

Her er nogle eksempler på præsentationer. Find selv flere, og lav en præsentation af dig selv.

Kalistiaammik ateqarpunga. 45-nik ukioqarpunga. Danmarkimi inunngorpunga. Narsami, Paamiuni Tasiilamilu peroriartorpunga. Sisimiuni ilinniagaqarpunga. Nuummi najugaqarpunga. Marlunnik paneqarpunga. Ulluinnarni qallunaatut oqaluttaraluarlunga kalaallisut oqalulaarsinnaavunga. Kommuneqarfik Sermersuumi pisortaavunga.

Hans Petersen-imik ateqarpunga. Nuummi inunngorpunga, Qaqortumi Narsamilu peroriartorlunga. 2001-2004 Aasianni ilinniarnertuunngorniarpunga. 2005-2009 Niuernermik Ilinniarfimmi Nuummi økonom-itut ilinniarnikuuvunga.

Nuka 1979-imi Narsarsuarmi inunngorpoq. Ukioq 1986-imi anaanaa Arnaq aamma ataataa Kunuk Nuka ilagalugu Uummannamut nuupput. Nuka Uummannami peroriartorpoq. Nuummi eqqumiitsuliornermik atuarfimmi ilinniarnikuuvoq. Eqqumiitsuliortutut sulisarpoq.

Esajas Lynge Narsami 1970-imi inunngorpoq. Ilusilersuisartutut ilinniarnikuuvoq. Sisamanik erneqarpoq. Nuliaqarlunilu. Ullumikkut nulianilu Fåborgimi najugaqarput.

At sige, hvor gammel man er – qassinik ukioqarpit?

Ukioq betyder "år", og *qassit* betyder "hvor mange". På grønlandsk 'har' man år:

> *Qassinik ukioqarpit?* = hvor mange år har du = hvor gammel er du?

> *Pingasunik ukioqarpunga* = jeg har tre år = jeg er tre år

Tal	Kasus instrumentalis		Hele klokkeslæt
spørgeord:	qassinik?	(?)	qassinut?
ataaseq	ataatsimik	(1)	ataatsimut / ataatsinut
marluk	marlu(n)nik	(2)	marlu(n)nut
pingasut	pingasunik	(3)	pingasunut
sisamat	sisamanik	(4)	sisamanut
tallimat	tallimanik	(5)	tallimanut
arfineq	arfinilinnik	(6)	arfinermut / arfinernut
arfineq-marluk	arfineq-marlu(n)nik	(7)	arfineq-marlu(n)nut
arfineq-pingasut	arfineq-pingasunik	(8)	arfineq-pingasunut
qulingiluat eller qulaaluat	qulingiluanik	(9)	qulingiluanut
qulit	qulinik	(10)	qulinut
aqqaneq eller isikkaneq	aqqanilinnik	(11)	aqqanermut / aqqanernut
aqqaneq-marluk eller isikkaneq-marluk	aqqaneq-marlu(n)nik	(12)	
arfersaneq	arfersanilinnik (16)		

Det grønlandske talsystem har tre rod-tal: 6, 11 og 16. De betegner, at man flytter over på den anden hånd, ned på foden og over på den anden fod. De kan kombineres med tallene 2-5, fx:

> 7 dannes af 6 (den anden hånd) og 2 (2 fingre på anden hånd): *arfineq-marluk*

Grundtallene får et tilhæng på, fx *arfineq* → *arfinilik*, når de bruges til at beskrive noget, fx antal år. I flertal hedder det *arfinillit*, men du skal altid bygge videre på entalsformen af et ord. Fordi det er en k-stamme, tilføjes +nik i instrumentalis: *Arfinilinnik ukioqarpunga*, jeg er seks år.

Danske tal bruges altid over 12 og nogle gange også fra 12 og nedefter.

Instrumentalis-endelsen mik bruges kun ved ental, og hvis endelsen ikke skal kombineres med en anden endelse. Instrumentalis af *ataaseq* (1) er derfor *ataatsimik*. Instrumentalis-endelsen nik bruges ved flertal: *pingasut* (3) bliver til *pingasunik*. *Qassit* (hvor mange) er også et flertalsord.

-QAR- = han har = der er

Prøv selv at oversætte nogle sætninger. Mangler du gloser? Så kig i miniordbogen bag i bogen. Der er både stammer, tilhæng og endelser. Endelserne finder du også i skemaerne bagi.

1. Minik sisamanik qimmeqarpoq.
2. Malik aamma Ivalu pingasunik meeraqarput.
3. Atuagaq hunnorujunik qupperneqarpoq.
4. Nivi inequnartumik qitsuuteqarpoq.
5. Sukkasuumik sikkileqarpunga.
6. Biileqarpit? Naamik, biileqanngilanga.
7. Nunatsinni 56.000-inik inoqarpoq.
8. Nuummi qassinik nerisarfeqarpa?
9. Asuki. Immaqa tiivinik nerisarfeqarpoq.
10. Assanni qulinik inuaqarpunga.
11. Orpik qorsunnik pilutarpassuaqarpoq.
12. Danmarkimi najugaqarpunga.
13. Petersenikkut tungujortumik illoqarput.
14. Tallimanik ukiulimmik nukaqarpunga.
15. Paneqarpisi? Naamik, ataatsimik erneqarpugut.

Her er lidt hjælp til endelserne. De blå endelser er dem der bliver brugt i eksemplerne på denne side.

	efter vokal	efter konsonant	efter -NNGIT-	efter vokal	efter konsonant
jeg	vunga	punga	-langa		
du	vutit	putit	-latit	vit?	pit?
han/hun/den	voq	poq	-laq	va?	pa?
vi	vugut	pugut	-lagut		
I	vusi	pusi	-lasi	visi?	pisi?
de	pput	put	-llat	ppat?	pat?

Terningeordspillet – pinnguarta!

Spil spillet mod hinanden. Der kan være 2 eller flere grupper. Du skal bruge mindst 1 terning.

Spiller 1 slår med terningerne. Slår han fx 2 og 6, kan han enten vælge at sige *sulipput* eller *tikipputit*. Derefter markerer han det valgte felt med X. Dernæst gør spiller 2 det samme og markerer sit felt med O, osv. Hvis der ikke er flere valgmuligheder (hvis fx både felt 2-6 og 6-2 er taget, og spilleren igen slår 2 og 6), må spilleren frit vælge et tomt felt.

Spillet slutter, når det ene hold har fået fem på stribe (ved 2 hold) eller 4 på stribe (ved 3 hold).

	Stamme ---------- Person	1 sinip-	2 suli-	3 atuar-	4 ani-	5 ateqar-	6 tikip-
1	jeg (uanga) …nga		**X** sulivunga				
2	du (illit) …tit						**O** tikipputit
3	han … (una) …q						
4	vi (uagut) …gut						
5	I (ilissi) …si	**X** sinippusi					
6	de (uku) …put					**O** ateqarput	

Hvordan har du det – ajunngi'?

Ofte hilser og interagerer man gennem kropssprog. I stedet for at sige noget kan du hæve øjenbrynene en smule et kort øjeblik. Det betyder "hej" eller "ja". Rynker du brynene og næsen, betyder det "nej". Se animationen her:

Men du kan selvfølgelig også bruge ord.

Sådan siger du "hej":

aluu – hej

kumoorn – godmorgen

kutaa – goddag

aluukkut – hej (til flere)

qanoq ippit? – hvordan har du det?

ajunng' / ajunngilatit? – har du det godt?

Hvordan går det?

ajunng' / ajunngilanga – jeg har det fint

nuannaarpunga – jeg er glad

qiimavunga – jeg er munter

eqqissisimaarpunga – jeg hygger mig

qilanaarpunga – jeg glæder mig

kaappunga – jeg er sulten

pissangavunga – jeg er spændt

annilaangavunga – jeg er bange

uippakajaarpunga – jeg er stresset

ajorpunga – jeg har det dårligt

kamappunga – jeg er vred

aliasuppunga – jeg er trist

kiserliorpunga – jeg er ensom

qasuvunga – jeg er træt

annerpunga – jeg har ondt

napparsimavunga – jeg er syg

Sådan siger du "farvel":

baaj – farvel

kunaat – godnat

takuss' / takuliiv' / takussaagut – vi ses

tusass' / tusassaagut – vi høres

ajunngikkina/si – hav det godt

weekendisiorluarina/si – hav en god weekend

Hvis du selv vil finde flere følelser i ordbogen, skal de ende på **voq** eller **poq**.

Læg mærke til, at følelser ikke behøver nogen tilhæng, men kun en endelse:

Det er relativt nemt at sige "jeg er glad" eller "jeg har ondt".

Men hvis du skal **have** en TING, skal du bruge tilhænget -QAR-: *ateqarpoq* – han **har** et navn

Og hvis du skal **være** en TING, skal du bruge tilhænget -U-: *illuuvoq* – det **er** et hus

Prøv også at spørge dine venner, hvordan de har det. For eksempel kan det lyde sådan her:

Aluu!

Aluu, ajunngilatit?

Aap, ajunngilanga. Illit qanoq ippit?

Eqqissisimaarpunga!

Torrak! Takuss!

Ajunngilatit?

Ajunngilanga. Koncertimut qilanaarpunga.

Pissangavunga.

Takuliiv!

Eller mere gadesprogsagtigt:

Ajunng'?

Ajunng'! Ill'?

Ua' aam'

Takuss'

Baaj, takuss'

Ental og flertal – qassit?

På grønlandsk ender nominer i flertal på t. Men der er forskel på måden, man danner flertal på, alt efter entalsformen af nominet. De forskellige varianter af flertal er -t, -it og +it.

I ental kan et grønlandsk nomen uden bøjning kun ende på en vokal (a, i eller u), t, k eller q. Det er oftest den form, du finder i ordbogen: *ataata, isi, illu, angut, inuk, atuartoq*.

Vokal-stammer

- <u>Alle</u> nominer, der ender på en vokal, får <u>-t</u> på.
    - *ataata → ataatat* (far → fædre)
    - *isi → isit* (øje → øjne)
    - *illu → illut* (hus → huse)

t-stammer (tə-stammer)

- <u>Alle</u> nominer, der ender på t, får <u>+it</u> på.
- I virkeligheden ender alle t-nominer på 'snydevokalen' shwa (ə), som kommer frem af og til. Snydevokalen viser sig næsten altid som a før en vokal og i eller e før en konsonant. Men den kan også forsvinde eller få den næste konsonant til at forsvinde. Derfor er det en snydevokal!
  Før t i endelsen bliver dette ə til i. Så den mere korrekte regel er, at tə-stammer får <u>-t</u> på.
    - *angut(ə) → angutit* (mand → mænd)
    - *siut(ə) → siutit* (øre → ører)

k-stammer

- <u>Næsten alle</u> nominer, der ender på k, får <u>-it</u> på.
    - *inuk → inuit* (menneske → mennesker)
    - *oqaluffik → oqaluffiit* (kirke → kirker)
- Nominer, der ender på **lik**, får <u>-t</u> på, og **l** gemineres til **ll**.
    - *nattoralik → nattorallit* (ørn → ørne)

q-stammer

Bøjningen af q-stammer i flertal er sværere at regne ud. De vigtigste regler er disse:

- Alle nominer dannet med **+TOQ** (+toq/ +soq/ -tsoq) får **-t** på.
  - *atuar**toq*** → *atuar**tut*** (elev → elever). Bøjet med -t.

- Alle nominer dannet med **+TAQ** (±taq/ ±saq/ -gaq) får **-t** på. Ofte fordobles konsonanten.
  - *atuagaq* → *atuakkat* (bog → bøger). Læg mærke til geminationen. Bøjet med -t.

- Alle nominer, der ender på **rleq** eller **lleq**, får **-it** på.
  - *nukarleq* → *nukarliit* (den yngste → de yngste). Bøjet med -it.

- Alle nominer, der ender på **neq**, får **+it** på, og **q** ændres til **r**. **neq** kan også blive til **r(g)nit**.
  - *min**neq*** → *min**nerit*** (landing → landinger). Husk at q bliver til r. Bøjet med +it.
  - *aqqusi**neq*** → *aqquse**rn(g)it***. Bøjet med +it og metatese (q-flyttes og bliver til r, og sidste e forsvinder)

Nogle af reglerne ovenfor bliver nemmere at forstå, hvis man ser på lydinventaret i grønlandsk. Skemaet nedenfor skal læses sådan, at én konsonant kan blive til to konsonanter, der udtales anderledes end hvis konsonanten står alene. For eksempel bliver v til f eller p, når det står sammen med en anden konsonant: *sulivoq*, *ajorpoq*.

Én konsonant	To konsonanter	To konsonanter (stop-lyd)	Eksempel
v	ff / rf	pp / rp	sinip+voq → *sinippoq* = han sover
l	ll / rl		illit+LU → *illillu* = også dig
g	gg	kk	atuagaq-t → *atuakkat* = bøger
j	ss	ts	Iluliaq-t → *Ilulissat* = isfjelde (by)
s	ss	ts	angissuseq-t → *angissutsit* = størrelser
r	rr	qq	meeraq-t → *meeqqat* = børn

Lydændringerne kan ske af forskellige årsager, fx assimilation, geminering, assibilering, metatese og replasion. Det kan du læse mere om i en grammatik.

Oversæt til dansk og lav ordene om til flertal. Du kan checke hvad flertalsformen er ved at scanne QR-koden, indsætte ordet og klikke på N og Paradigm. Se efter Abs+Sg+2SgPoss eller Abs+Pl.

Vokalstammer	Oversættelse	-t
Illu	hus	illut
Sava		
Ini		
Matu		
Bussi		
T-stammer	**Oversættelse**	**+it**
Angut		
Siut		
Matuersaat		
Aqqut		
Allarut		
K-stammer	**Oversættelse**	**-it**
Inuk		
Panik		
Assak		
Qitsuk		
Atuarfik		
Q-stammer	**Oversættelse**	**-t/ +it/ -it**
Arnaq		
Erneq		
Qulleq		
Atuagaq		
Ilinniartoq		

Nogle ord kan have flere forskellige flertalsformer.

Prøv også den modsatte vej. Du kan checke hvad entalsformen er ved scanne QR-koden, indsætte ordet og neripput og klikke på N og Paradigm. Du skal bruge den form, der hedder Abs+Sg.

Vokalstammer	Oversættelse	Flertal dannet med -t
tuttu	rensdyr	Tuttut
		Biilit
		Isit
		Puisit
T-stammer	**Oversættelse**	**Flertal dannet med +it**
		Amigaatit
		Alussaatit
		Iputit
		Qilaatit
De fleste K-stammer	**Oversættelse**	**Flertal dannet med -it**
		Sialuit
		Oqaluffiit
		Orpiit
		Qilaat
De fleste Q-stammer	**Oversættelse**	**Flertal dannet med -t**
		Qimmit
		Suliat
		Qaqqat
Især LLEQ-stammer	**Oversættelse**	**Flertal dannet med -it**
		Ilulliit
		Qallunaatsiaat
Især NEQ-stammer	**Oversættelse**	**Flertal dannet med +it**
		Arsarnerit
		Arferit

Ord som *aqqusineq* → *aqquserngit* og *nujaq* → *nutsat* er lidt sværere at lege med.

Ting og handlinger hører sammen – oqaaseqatigiit

Nominer (ting, personer mv.) kan bøjes, som vi lige har set:

Qimmeq = en hund

Qimmit = hunde

Panik = en datter

Paniit = døtre

På samme måde kan handlinger bøjes:

Nuannaarpunga = jeg er glad

Nuannaarpoq = han/hun/den er glad

Nuannaarput = de er glade

Ateqarpunga = jeg hedder

Ateqarpoq = han/hun/den hedder

Ateqarput = de hedder

Vi kan sætte dem sammen i sætning, når blot ordenes endelser passer sammen:

Nuannaarpunga = jeg er glad

Qimmeq nuannaarpoq = hunden er glad

Qimmit nuannaarput = hundene er glade

Livimik ateqarpunga = jeg hedder Liv

Ilinniartitsisoq Livimik ateqarpoq = læreren hedder Liv

Ilinniartitsisut Livimik Michellemillu ateqarput = lærerne hedder Liv og Michelle

Skemaer med alle endelserne finder du bag i bogen.

At fortælle om sin familie – qatanngutikka

I Grønland bruger man ofte bare familiebetegnelser om sine familiemedlemmer i stedet for navne. Det er helt normalt, at forældre, søskende og venner fx siger:

> *Nuka aneerpoq* – lillebror er ude

i stedet for at bruge lillebroderens navn.

Familiebegrebet er bredere end i Danmark. Det er normalt at føle sig lidt i familie med sine navnefæller. Hvis du fx har en bekendt eller en nevø, der hedder Malik, og du også selv hedder Malik, så kan I udveksle gaver på fødselsdage og andre mærkedage. Traditionelt har man også haft en ide om, at karaktertræk går igen i navnet. Så hvis du er opkaldt efter en anden Malik, som var rigtig god til at ramme plet, så vil du nok også blive en dygtig fanger.

Søskende som generel betegnelse hedder *qatanngut* i ental. Men der findes også køns- og rækkefølgespecifikke betegnelser.

Øverste række er ældre søskende, nederste række er yngre.

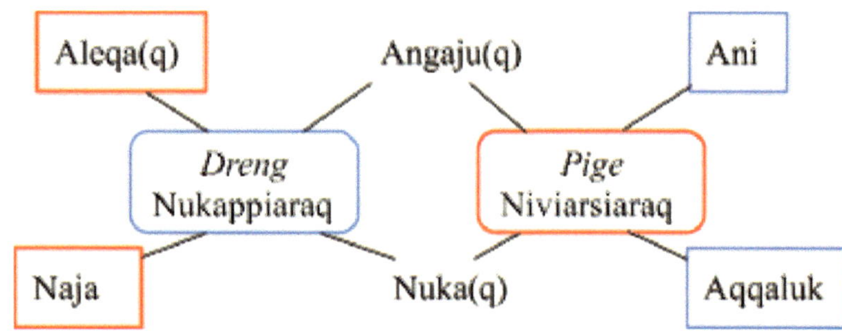

Kvinder kan have en *angaju*, en *ani*, en *nuka* og en *aqqaluk*, men ikke en *aleqa* eller en *naja*.

Mænd kan have en *angaju*, en *aleqa*, en *nuka* og en *naja*, men ikke en *ani* eller en *aqqaluk*.

> *Ataatsimik aneqarpunga* – jeg har én storebror.
>
> *Aamma marlunnik nukaqarpunga* – jeg har to lillesøstre.

Eller:

> *Liv ataatsimik aneqarpoq* – Liv har én storebror.
>
> *Aamma marlunnik nukaqarpoq* – og hun har to lillesøstre.

Fortæl om dine, din vens eller Kronprins Christians søskende.

Kender du andre familiebetegnelser? Prøv at finde dem i ordbogen.

	betydning	lav en sætning med -U- (er) eller -QAR- (har)
anaana		
ataata		
ningiu		
ittu		
akka		
angaaq		angaajuvunga (angaaq -U- +vunga) = jeg er onkel
atsa		
aja		
meeraq		
erneq		
panik		paneqarpoq (panik -QAR- +voq) = han har en datter
ui		
nuliaq		
marluliaq		

Ofte har man brug for at kunne sætte en personendelse bag på familiebetegnelserne. Det svarer til min, din, hans osv. på dansk. Endelserne kan også sættes på mange andre nominer.

personendelse (én)	grønlandsk ord	personendelse (flere)	grønlandsk ord
+ga (min)	anaanaga	+kka (mine)	anaanakka
-(i)t (din)	anaanat	-tit (dine)	anaanatit
-a (hans / hendes)	anaanaa	-i (hans / hendes)	anaanai
+rput (vores)	anaanarput	-vut (vores)	anaanavut
+rsi (jeres)	anaanarsi	-si (jeres)	anaanasi
-at (deres)	anaanaat	-i(t) (deres)	anaanaat

Akkaga Joorummik ateqarpoq. Ajakka Mettemik aamma Lottemik ateqarput. Ajakka anaanaapput.

Aniga meeraqarpoq. Ataataavoq. Meerai ataataqarput.

-U- = er

-U- er et tilhæng, som skal sættes på et nomen og danner et verbum. Det betyder "være", "er" eller "var".

Ofte får du brug for a-reglen: ae, ai, au og ao staves og udtales altid aa.

1. Piitaq atuartitsisuuvoq.
2. Naja atuartuuvoq pikkorissoq.
3. Kaali nukappiaraavoq tretteninik ukiulik.
4. Qimmera kajortuuvoq.
5. Hans Egede palasiuvoq Norgemioq.
6. Illorput aappaluttuuvoq.
7. Uku atuakkat tungujortuupput.
8. Sanasuuit? Aap, sanasutut sulisarpunga.
9. Kangerlussuaq nunaqarfiuvoq mittarfilik.
10. Najannguup qimmii qernertuupput.
11. Aaja Folketingimut ilaasortaavoq.
12. Biilikka qasertuupput.

Prøv også den anden vej:
13. Sika er en sød pige.
14. Nukaaraq er fra Nuuk (er Nuuk-beboer).
15. Arnajaraq er stadig et barn.

Dansk-grønlandske hjælpegloser:

sød: *inequnartoq*

pige: *niviarsiaraq*

-beboer: +MIOQ

stadig: *suli*

barn: *meeraq*

Der er gloser til alle oversættelsesøvelser bag i bogen.

At fortælle, hvordan man ser ud – qanoq isikkoqarpit?

Du kan også fortælle om dit udseende ved at bruge -QAR- og -U-. Her er en række ord, du kan bruge. Du kan selvfølgelig også sige noget om dine familiemedlemmer.

Noget man kan have / have på. Ordene i parentes ( ) er flertal:

Tujuuluk (tujuuluit) = trøje	Kamik (kammit, kamiit, kanngit) = støvler
Ilulleq (ilulliit) = skjorte	Nujaq (nutsat) = hår
Kjoleq (kjolit) = kjole	Umik (umiit) = skæg
Atequt (atequtit) = nederdel	Isi (isit) = øje
Qarlik (qarliit) = bukser	Isaruaq (isarussat) = briller
Nasaq (natsat) = hat/hue	Iverut (iverutit) = ørering
Skooq (skuut) = sko	Alerseq (alersit) = strømpe

Beskrivende ord:

Tungujortoq = blå	Taartoq = mørk
Sungaartoq = gul	Mikisoq = lille
Aappaluttoq = rød	Angisooq = stor
Qaqortoq = hvid	Takisooq = lang
Qernertoq = Sort	Naatsoq = kort
Qorsuk = grøn	Ilingasoq = krøllet
Kajortoq = brun	Allalik = mønstret
Qasertoq = grå	Pinnersoq = smuk
Qaamasoq = lys	Masattoq = våd

Sætningen bygges sådan: <u>Beskrivelse-mik ting-QAR-endelse</u> eller <u>ting-ejer beskrivelse-U-endelse</u>

Tungujortumik nasaqarpoq = han har en blå hue på

Tujuulua qorsuuvoq = hans trøje er grøn

Husk lydændringer og staveregler.

mik bruges kun i ental og uden personendelse, ellers er det nik, og o og e bruges kun før r og q.

NB: Hvis du vil beskrive fx tøj, som du ikke har på, er det nødvendigt at tilføje tilhænget -UTƏ, fx *sikaavimmi tungujortumik tujuuluuteqarpunga* – jeg har en blå trøje (til rådighed) i skabet … så lige nu nøjes vi med at fortælle, hvordan vi ser ud.

Hvem er det – kinaava?

Oversæt spørgsmålene og svarene nedenfor.

Angutaava?

> Naamik, angutaanngilaq. Arnaavoq.

Qaqortunik nujaqarpa?

> Naamik, qaqortunik nujaqanngilaq.

Takisuunik nujaqarpa?

> Aap, takisuunik nujaqarpoq.

Tungujortumik tujuuloqarpa?

> Aap, tungujortumik tujuuloqarpoq.

Skooqarpa?

> Naamik, skooqanngilaq.

Atequteqarpa?

> Naamik, atequteqanngilaq.

Isaruaqarpa?

> Aap, isaruaqarpoq.

Liviua?

> Aap, Liviuvoq.

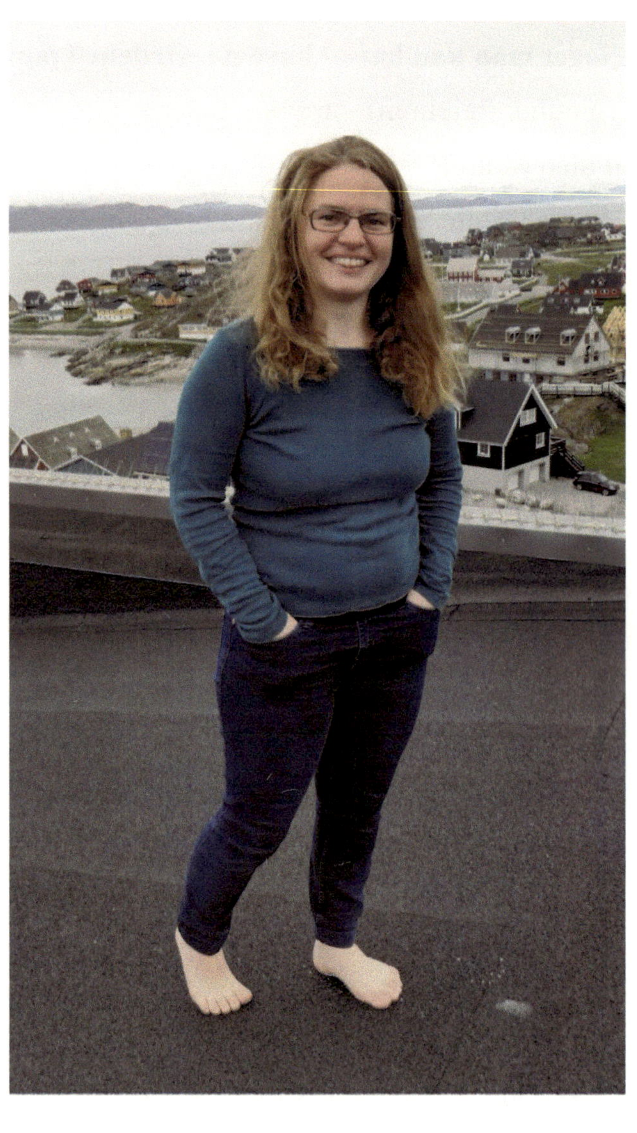

Nu er det din tur! Beskriv en familie ved brug af fx farver, beklædningsgenstande og familieforhold. Du må gerne skrive sætninger, der ikke fremgår af billedet. Brug også gerne ordbog.

Her er et par eksempelsætninger. Dan flere sætninger af samme type.

1) *Arnaq anaanaavoq pinnersoq* = kvinden er en smuk mor (anaana -U- +voq)

2) *Anaana Kaalammik ateqarpoq* = mor hedder Karen

3) *Aappaluttunik qarleqanngilaq* = hun har ikke røde bukser på

4) *Kalaaliuvoq* = hun er grønlænder

5) *Ernera mikisuuvoq* = hendes søn er lille

6)

7)

8)

9)

10)

11)

12)

Er du klar til endnu en udfordring? *Anders And kinaava?* Indsæt de manglende dele i sætningerne nedenfor:

Anders And ____________juvoq. Matrositut _________qartarpoq. Kisianni qarleqanngi____.
Andebymi ________qarpoq. _____________mik biileqarpoq. _______mi inu__ sisamaapput.
Anders pingasu____ _________qarpoq. Ripimik, Rapimik aamma Rupi_____ ateqarput. Anders arnaateqarpoq. Arnaataa Andersine____ ateqarpoq. Aamma aanaqar____. Aanaa Bedstemor Andimik ____qarpoq. Aanaa Andebymi najugaqa______laq. Naasorissaasoqarfimmi najuga____poq.

Hjælpeordstumper (husk at der skal bruges lydregler til at sætte ordene rigtigt sammen):

aappaluttoq	ateq	-nik
soraluaq	qeerlutooq	-mik
najugaq	-QAR-	-mik
atisaq	-NNGIT-	+voq
illu	-it	-laq

Kender du spillet hvem er hvem eller guess who? På grønlandsk kalder vi det *kinaava.*

Det spilles normalt med en spilleplade. Se eksempler ved at følge QR-koden.

I kan også lege legen med rigtige mennesker: En af jer skal udvælge en person, som den anden skal gætte. Det skal være en person, som I kan se. Stil spørgsmål om personen, som kan besvares med ja eller nej. Der skal altid svares med en hel sætning, ikke kun med aap/naamik.

Grønlandskortet – nunarput

Kender du vores land? Her er et kort fra wikipedia over kommuneinddelingen med kommunernes største byer. Indsæt selv flere byer og bygder. Du finder et kort med byerne blandt løsningerne bagest i bogen.

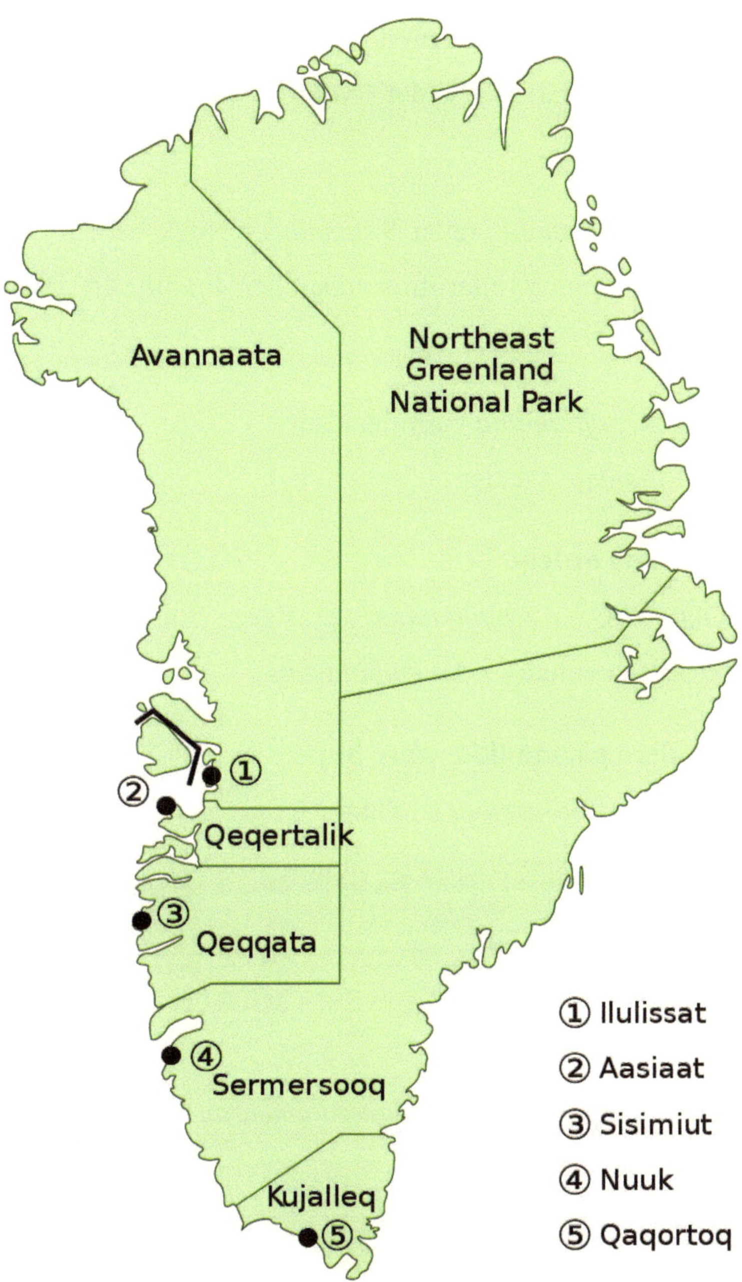

+MIOQ = beboer

Tilhænget +MIOQ bruges især sammen med stednavne. Så får det betydningen "beboer af", "kommer fra", "er opvokset i", "hører hjemme i".

Tilhænget har flere varianter. Nogle synes at MIU lyder bedre end MIOQ. Og nogle synes at tilhænget skal være (R)MIU eller (R)MIOQ efter en vokal. Det er ligemeget hvad du gør. De fire former betyder præcis det samme. Her kalder vi det +MIOQ.

- **Føjes ofte til steder**
    - Nuuk +MIOQ → *Nuummioq* (eller *Nuummiu*) = Nuuk-beboer
    - Attu +MIOQ → *Attumioq* (eller *Attormioq* eller *Attumiu/Attormiu*) = Attu-beboer

- **Bruges også om ting**
    - paffik +MIOQ → *paffimmioq* = armbåndsur
    - ilu +MIOQ → *ilumioq* = foster

- **Der kan bygges videre på ordene**
    - orpik +MIOQ +TAQ → *orpimmiutaq* = gråsisken (fugl)
    - Nuuk +MIOQ -U- +vunga → *Nuummiuuvunga* = jeg er nuummioq

- **Ordet, der bygges videre på, må ikke være bøjet**
    - Ilulissat +MIOQ → *Iluliarmioq* (Iluliaq+MIOQ)
    - Sisimiut +MIOQ → *Sisimiormioq* (Sisimioq+MIOQ)

- **Spørgsmål**
    - su +MIOQ -U- +vit → *sumiuuit?* = hvilken MIOQ er du? = hvor kommer du fra?
      v forsvinder mellem u og i.
    - Du kan også møde spørgsmålet *suminngaanneerpit?* = hvor kommer du fra?

- **Er jeg nuummioq, selvom jeg er født i Næstved?**
    - Det er der delte meninger om. Tendensen er, at du gerne må sige, at du er nuummioq.
    - … men der kan være folk, især fra de mindre bosteder, som synes det er forkert.

- **Hvorfor er "Jeg er nuummiut" ikke helt korrekt?**
    - "nuummiut" er flertal – det skulle have været "nuummioq", fordi jeg er én.

-KKUT = og dem

-KKUT er et tilhæng, der ligesom +MIOQ ofte sættes på egennavne. -KKUT ses mest på personnavne. Entalsformen af -KKUT er -kkoq.

- **-KKUT markerer, at der er tale om flere personer**
  - Liv -KKUT → *Livikkut* = Liv og dem
    - fx Liv og manden, Liv og familien, Liv og vennerne

- **-KKUT kan sættes bag på hilse-ord**
  - Aluu -KKUT → *aluukkut* = hej med jer
  - Ajunngi -KKUT → *ajunngikkut* = har I det godt? (slang)

- **-KKUT og +MIOQ kan kombineres. Husk at lave -KKUT om til -KKOQ.**
  - Kunngi -KKUT +MIOQ → *kunngikkormioq* = kongelig
  - Beatles -KKUT +MIOQ → *Beatlesikkormiut* = Beatles-bandmedlemmerne

Nu er det din tur – oversæt sætningerne med +MIOQ og -KKUT:

1. Sumiuuit? Nuummiuuvunga.
2. Ilinniartitsisorput Aasiammiuua?
3. Naamik, tassa Iluliarmioq!
4. Savalimmiormiut arfanniartarput.
5. Orpimmi orpimmiutaqarpoq.
6. Egedekkut Norgemiuupput.
7. Aanakkunnut pulaarpugut.
8. Aluukkut! Ajunngikkut?
9. Mikisulukkut Kangaatsiaminngaannerput.

Besvar også selv spørgsmålet:
>   Illit sumiuuit?

Grønlandske byer og bygder – sumi najugaqarpit?

Her er en liste over nogle af byerne og bygderne i Grønland. Det er lidt forskelligt, hvordan endelser (fx mi/ni) føjes til stammen. Vær især opmærksom på de røde flertalsord. Tilhæng skal altid føjes til et ubøjet ord, så hvis byen er i flertal, skal den laves om til ental. Du kan føje flere tilhæng til ordet. Og du kan vælge at bruge en anden endelse.

Bynavn	På/ i/ ved (±mi/ni)	Bynavn-beboer (+MIOQ)	
Attu	Attumi	Attumioq/Attormioq	
Nuuk	Nuummi	Nuummioq	
Upernavik	Upernavimmi	Upernavimmioq	
Nanortalik	Nanortalimmi	Nanortalimmioq	
Qaqortoq	Qaqortumi	Qaqortormioq	
Narsaq	Narsami	Narsarmioq	
Qaanaaq	Qaanaami	Qaanaarmioq	
Kangaatsiaq	Kangaatsiami	Kangaatsiarmioq	
Qeqertarsuaq	Qeqertarsuarmi	Qeqertarsuarmioq	
Ivittuut	Ivittuuni	Ivittoormioq	
Aasiaat	Aasianni	Aasiammioq	
Sisimiut	Sisimiuni	Sisimiormioq	
Ittoqqortoormiit	Ittoqqortoormiini	Ittoqqortoormeermioq	OBS!
Qasigiannguit	Qasigiannguani	Qasigiannguarmioq	
Ilulissat	Ilulissani	Iluliarmioq	

Start med grundformen af ordet, fx Qaqortoq, Aasiak, Paamioq.

- Ord der slutter på **k** skal næsten altid have +-endelser.
  - Aasiak +ni → *Aasianni ilinniarsimavunga* = jeg har studeret i Aasiaat

- Ord der slutter på **oq** og **aq** skal næsten altid have –-endelser.
  - Qaqortoq -mi → *Qaqortumi najugaqarpunga* = jeg bor i Qaqortoq

- Ord der slutter på -NNGUAQ/-nnguit og +(R)SUAQ/(r)suit er lidt specielle.
- Husk at byge videre på grundformen
  - Paamioq +MIOQ → *Paamiormioq* = Paamiut-beboer

Hvornår – pingasunngormat sulivit?

Man bruger tal til at danne ugedagene:

3 = pingasut	-NNGOR- (n-v)	+NEQ (v-n)	→	*pingasunngorneq* = onsdag
6 = arfineq	-NNGOR- (n-v)	+NEQ (v-n)	→	*arfininngorneq* = lørdag

Du kan markere dagen mere specifikt med endelsen +mmat (fortid) eller +ppat (fremtid):

3 = pingasut	-NNGOR- (n-v)	+mmat (v)	→	*pingasunngormat* = i onsdags
6 = arfineq	-NNGOR- (n-v)	+mmat (v)	→	*arfininngormat* = i lørdags

Det kan du gøre med tallene 1-6. Søndag hedder *sapaat, sapaatiummat*.

Lyt til ugedagssangen:

Sapaatip akunnerata ullui suuppat? Søndagens mellemrums (= ugens) dage hvad er de?

Ataasinngorneq, marlunngorneq, Mandag, tirsdag,

pingasunngorneq, sisamanngorneq onsdag, torsdag,

tallimanngorneq, arfininngorneq fredag, lørdag

taavalu sapaat og så søndag

Du kan også bruge andre fortidsord, fx *qanga* = hvornår, *ippassaq* = i går.

1. Tallimanngormat sulinngilanga.
2. Sisamanngormat qaqqani angalaarpugut.
3. Sapaatiummat naalagiarpisi?
4. Sapaat maajip 27-anni inunngorpoq.
5. Qanga aallarpit?
6. Marlunngormat Nuummut aallarpunga.

7. Arbejdede du i mandags?
8. Jeg stod tidligt op i tirsdags.
9. Lørdag d. 15. april holdt de fest.
10. I søndags var kirken låst.
11. Jeg ankom i går.

-SSA- markerer fremtid

Hvis du skal omtale noget, der ikke er sket endnu, skal du altid markere, at det vil ske i fremtiden. Der findes flere fremtidsmarkører. Det hyppigste er at bruge tilhænget -SSA-, som kan oversættes med "skal". Det er lidt svært at bruge, fordi endelsen ofte flyder sammen med tilhænget, fx *sulissaanga* i stedet for *sulissavunga*:

	jeg	du	han / hun	vi	I	de
konstatering	vunga	vutit	voq	vugut	vusi	pput
med -SSA-	ssaanga	ssaatit	ssaaq	ssaagut	ssaasi	ssapput
spørgsmål		vit?	va?		visi?	ppat?
med -SSA-		ssavit?	ssava?		ssavisi?	ssappat?

Hvis du skal præcisere tiden, kan du yderligere føje et tidsord til sætningen, fx en ugedag. I fremtid skal ugedagen have ppat som endelse i stedet for mmat. Mange andre fremtidsord ender på +GU, fx *aasaq* +GU → *aasaru*, til sommer. Hele klokkeslæt ender på nut eller mut.

De blå tidsord står ofte først i sætningen. Tidstilhængene er som regel i handlingsordene (verberne):

Marlunngorpat taku*ssa*agut (taku*ssa*vugut) = vi ses på tirsdag.

1. Kikkut erruissappat?
2. Qaqugu atuariartussavit?
3. Sapaatiuppat Ivik festissaaq.
4. Aqaguagu katissaagut.
5. Kina nerisassiussava?
6. Aappaagu atuakkanik qulinik atuassaanga.
7. Ualeru Nivikka ilinniassaaq.
8. Biilinik nutaanik pisissaanga.
9. Arfinermut makissaatit.
10. Qulingiluanut innassaanga.
11. Arfininngorpat tiimini qulini sulissaanga.
12. Qimmeq angerlamut pangalissaaq.

+NIAR- = intention; -LER- = begyndelse; -RUSUP- = lyst

Her er eksempler på tilhæng, der kan beskrive fremtiden:

-SSA-	fremtid
+NIAR-	agte at
-LER-	begynde
-RUSUP- / +GUSUP-	ville gerne

- -RUSUP- (efter vokal), ellers +GUSUP- markerer lysten til at gøre noget.
    - Oversættes ofte til "gerne", "vil", "har lyst til", "skal".

1. Tiitorusuppit? Aap, tiitorusuppunga.
2. Aqagu tiimini marlunni arpakkusuppunga.
3. Ullumi allakkanik allakkusuppunga.
4. Aasianni najugaqarusuppunga.
5. Biilinik nutaanik piserusuppunga.

- +NIAR- markerer intentionen, viljen eller planen om at gøre noget.
    - Oversættes ofte til "vil", "agte", "skal".

1. Iipilinik pingasunik pisiniarpunga.
2. Unnugu aalisakkamik neriniarpunga.
3. Aqagu ikinngutigalu piniarniarpugut.
4. Atuartut atuakkamik atuarniarput.
5. Qanoq oqarniarpit?

- -LER- markerer begyndelsen af noget, eller at noget sker om lidt.
    - Oversættes ofte til "begynder", "skal til at".

1. Silataani siallilerpoq.
2. Nerisassiulerpunga.
3. Aataa oqaluttualerpoq.
4. Meeqqat tamarmik pinngualerput.
5. Ukialerpat ilinnialissaanga.

Prøv også den anden vej. Husk at der altid skal et fremtidstilhæng ind i handlingen, hvis handlingen foregår i fremtiden.

Ukioru Sisimiunut nuunniarpunga   Jeg har tænkt mig at flytte til Sisimiut til vinter.

1. Vi ses på søndag!
2. Har du lyst til at blive voksen?
3. Jeg var syg i slutningen af august (= da august skulle til at ende)
4. Hvornår er du født?
5. Hvornår skal du afsted?
6. Jeg skal snart afsted.
7. I eftermiddag skal jeg bage kage.

Mødet i bussen – bussimi naapinneq

Nu skal du læse en lille tekst. Læs den for din makker, og lær den eventuelt udenad. Hvad bliver der sagt? Brug ordlisten og tilhængslisten bag i bogen. Har du selv nogle oplevelser eller gloser fra bussen?

Aasaavoq. Seqineq seqinnerpoq. Kiak! Louise kiaguppoq.

Meeraq oqarpoq: "Aajuku bussi!". Bussi takkuppoq. Unittarfimmi unippoq.

Louise bussimut ikivoq. Ingippoq.

Meeraq aperivoq: "Qanoq ateqarpit?"

Louise akivoq: "Louisemik ateqarpunga. Illit – qanoq ateqarpit?"

Meeraq akivoq: "Suulut".

Louise oqarpoq: "Ilumut? Uanga ernera aamma Suulummik ateqarpoq."

Suulut nikuippoq. Oqarpoq: "Niulerpunga. Sikuerniarfimmi sikusiniarpunga."

Louise akivoq: "Ajunngikkina. Takussaagut."

Suulut oqarpoq: "Aap, takuss'."

±MIIP- = er i; ±MUKAR- = tager til

Vi har efterhånden set en del endelser. Nogle af dem kan markere placering eller bevægelse:

±mi/ni – i/på/ved

> *Nuummi najugaqarpunga* – jeg bor i Nuuk

> *Sisimiuni sulisarpunga* – jeg arbejder i Sisimiut

±mut/nut – til/mod

> *Juuntaammut qiviarpunga* – jeg vendte mig mod Jonathan

> *Sisimiunut uterpunga* – jeg vendte tilbage til Sisimiut

±miit/niit – fra/af

> *Nuummiit aallarpunga* – jeg rejste fra Nuuk

> *Sisimiuniit uterpunga* – jeg vendte tilbage fra Sisimiut

Især to af endelserne bliver ofte bygget ind i ordet, så de kommer til at ligne et tilhæng. Vi kalder det verbaliserede kasus.

±mi → ±miip- – er i/på/ved N

±ni → ±niip- – er i/på/ved N

> *Qaqortumiippunga* = jeg er i Qaqortoq

> *Malikkunniissaanga* = jeg skal være hos familien Malik

±mut → ±mukar- – bevæge sig til/mod N

±nut → ±nukar- – bevæge sig til/mod N

> *Nuummukassaanga* – jeg skal til Nuuk

> *Sisimiunukarusuppunga* – jeg vil gerne tage til Sisimiut

Husk, at n-varianten af kasusendelsen bruges, når ordet er bøjet (fx i flertal).

Du kan bruge stammen su- (hvad/noget) til at spørge med:

Sumukassavit? – hvor skal du hen?

Sumiippit? – hvor er du?

Oversæt sætningerne nedenfor. Du kan bruge ordlisterne bag i bogen.

1. Niviaana atuarfimmiippoq.
2. Uffarfimmiippit?
3. Atuakkat tamarmik atuagaateqarfimmiipput.
4. Iga angisooq sumiippa?
5. Makka Nikkulaallu igaffimmiipput.
6. Sumiippisi? Maaniippugut.

7. Familien Nielsen er i svømmehallen.
8. Vi er i Sisimiut idag.
9. Sarfaq Ittuk (kystskibet) er i havnen.
10. Er du i Nuuk?
11. Mine forældre er i Ilulissat.
12. To fly er i lufthavnen.

1. Siorna Paamiunukarpugut.
2. Utoqqaat illuannukarpit?
3. Politikerit tamarmik oqaluffimmukarput.
4. Meeqqat qiimasut pinnguartarfimmukarput.
5. Biilit kingumukarput.
6. Qassinut Brugsenimukassavit?

7. Jeg vil i Brugsen kl. 17.
8. Jeg tager til Nuuk i morgen.
9. I tirsdags tog jeg til Uummannaq.
10. Jeg tog på fjeldet i går.
11. Familien Hansen har planer om at gå i teateret.
12. Hvor skal du hen? Jeg skal til Nuuk.

Besvar spørgsmålene:

Sumiippit?

Aqagu sumukassavit?

Stil spørgsmål – apeqquteqarpit?

Når du vil spørge om noget, har du ofte brug for et spørgeord. Mange af ordene starter med spørgemarkøren qa eller spørgerødderne ki (om personer) eller su (om ting/steder). Du kan bruge spørgeordet alene eller danne sætninger med det. Husk, at du også kan bygge videre på ordene.

Qanga – hvornår (i fortiden)

> *Qanga inunngorpit?* – Hvornår er du født?

Qaqugu – hvornår (i fremtiden)

> *Qaqugu Nuummukassavit?* – Hvornår skal du til Nuuk?

Qassit / qassinik – hvor mange

> *Qassiuisi?* – Hvor mange er I?

> *Qassinik meeraqarpit?* – Hvor mange børn har du?

Qassinut – hvornår (om klokkeslæt)

> *Qassinut soraassavit?* – Hvad tid får du fri?

Qanoq – hvad / hvordan

> *Qanoq ippit?* – Hvordan går det?

> *Qanoq ateqarpit?* – Hvad hedder du?

> *Qanoq iliussaanga?* – Hvad skal jeg gøre?

Kina – hvem

> *Kinaavit?* – Hvem er du?

Sooq – hvorfor

> *Sooruna?* – Hvorfor det?

Suna – hvad

> *Sunaana?* – Hvad er det for noget?

Sumi – hvor

> *Malik sumiippa?* – Hvor er Malik?

Sumut – hvorhen

> *Sumukassavit?* – Hvor skal du hen?

Sumit / suminngaanniit – hvorfra

> *Suminngaanneerpit?* – Hvor er du fra?

Sorleq – hvilken

> *Sorleq pitsaanerua?* – Hvilken en er bedst?

+LU = og; +LI = men; +LUUNNIIT = eller

"Og", "eller" og "men" kan udtrykkes med enkeltstående ord:

> *aamma / aammalu* – og
>
> *imaluunniit* – eller
>
> *kisianni* – men

Men ofte vil du støde på dem i en anden form, nemlig som efterhæng. Efterhæng ligner tilhæng, men de skal altid stå længst til højre i ordet, og de skal sættes på *efter* endelsen. Efterhæng kan føjes til alle ordklasser.

> +LU – og / også *matulu* – og en dør
>
> +LI – men / siden *oqarporli* – men han sagde
>
> +LUUNNIIT – eller / endda *Tasiilamulluunniit* – eller til Tasiilaq

Du kan bruge efterhængene til at binde ord og sætninger sammen. 1. led er lilla, 2. led er grøn i det følgende:

> *Malik Livilu aggilerput.*
>
> Malik og Liv kommer om lidt.
>
> *Sinikkusukkaluarpunga, oqarpungali: "Kumoorn."*
>
> Jeg ville ellers gerne sove, men jeg sagde: "Godmorgen."
>
> *Tasiilamut Kulusummulluunniit aallarniarpit?*
>
> Tager du til Tasiilaq eller til Kulusuk?

+LU, +LI og +LUUNNIIT kan også have andre betydninger og funktioner. Men hvis du placerer det på første ord i anden sætning, vil det næsten altid have betydningen og, men eller eller:

> Sætning 1: *Arnaq takisuunik nujaqarpoq* – Arnaq har langt hår
>
> Sætning 2: *Nivi naatsunik nujaqarpoq* – Nivi har kort hår

Første ord i anden sætning er Nivi. Altså skal efterhænget sidde på højre side af Nivi:

> *Arnaq takisuunik nujaqarpoq Nivili naatsunik nujaqarpoq.*

Du møder mange flere eksempler med efterhæng i *Kompendium til Grønlandsk 2.*

Pilluarit! – Tillykke!

Imperativ / bydemåde er en endelse, der udtrykker en ordre eller et ønske. Den ligner nogle af de endelser, du allerede kender:

	jeg	du	han / hun	vi	I	de
konstatering	vunga	vutit	voq	vugut	vusi	pput
spørgsmål		vit?	va?		visi?	ppat?
bydemåde efter vokal		git! / gina		sa	gitsi! / gisi	
bydemåde efter p		git! / kina		ta	gitsi! / kisi	
bydemåde efter r		rit! / r(i)na		ta	ritsi! / risi	

Vi-formerne er nemmest at oversætte med "lad os": *kasuutta!*, lad os skåle! Der findes også bydemåder, der slutter på -gina / -kkina / -r(i)na (du) eller -gisi / -kkisi / -risi (I). Det skyder handlingen lidt ud i fremtiden: *ajunngikkina!* Hav det godt!

+NIAR- har du allerede mødt blandt fremtidstilhængene. Sammen med bydemåde bliver ordren mere insisterende: *inginniarit!* Sæt dig da ned!

(L)LUAR- har du helt sikkert mødt i ordet *pilluarit!* Tillykke! Direkte oversat betyder det "vær lykkelig". Sammen med bydemåde bliver ordren til et positivt ønske: *sinilluarit!* Sov godt!

-LAAR- betyder lidt eller venligst: *Utaqqilaaritsi!* Vent (I) venligst!

1. Anigit!
2. Pisiniarfimmut iserit!
3. Sulilluarisi!
4. Inuuinni pilluarit!
5. Siumukalaaritsi!
6. Qaalaarit!
7. Sisimiunut tikilluaritsi!
8. Iserniaritsi!
9. Inuulluarna!
10. Qaaniarit!

Til kaffemik – kaffillerneq

Når man kan finde en lejlighed til det, kan man invitere til kaffemik. Ofte er det i anledning af fødselsdag, bryllup, konfirmation, barnedåb eller begravelse. Men det er også værd at fejre, at man har skudt sit første dyr, at der er fanget hval i bygden, at ens navnefælle har fødselsdag, eller at et barn fylder år eller har første skoledag. Man inviterer venner og bekendte, kollegaer og naboer, og der er altid plads til en til. Ofte holder man fri dagen inden, så man kan nå at lave mad og bage kager til de mange gæster, og på kaffemikdagen kommer gæsterne i en lind strøm. Nogle af gæsterne medbringer også kager til bordet. Der kan være et start- og sluttidspunkt, men du bestemmer selv, hvornår derimellem du kommer. En hovedregel er, at man forlader selskabet igen efter to kopper kaffe, så der bliver plads til en ny gæst omkring bordet. Ofte har man en gave med – gerne noget hjemmelavet eller penge.

Dagen før sin fødselsdag kan man blive mødt af tilråbet *puhh, tipiik!* Ih, hvor du lugter! Det er ikke sagt i ond mening, men skal henlede folks opmærksomhed på, at der er fest i vente.

Hvis der er en, der virkelig er glad, kan han råbe *pagga* og kaste mønter, slik og andre lækkerier op i luften. De omkringstående kæmper derefter om at få fat i mest muligt af det, der er blevet kastet. *Pagga* sker alle steder – på kontoret, til fest, i kantinen, på gaden osv.

Piitaq 50-liissaaq / 50-nik ukioqalerpoq – Peter bliver 50 år

Aqagu kaffillissaagut – vi holder kaffemik i morgen

Aggissaanga / aggerumaarpunga – jeg kommer

Iserniarit / tamassa – kom indenfor

Pilluarit – tillykke (giv hånd samtidig)

Takanna – værsgo

Neriniarit – spis!

Kaffeqarpoq – der er kaffe

Sutorusuppit? – hvad vil du have at drikke/spise?

Sukkulertarpit? – bruger du sukker?

Pissavit? – vil du have?

Peqqissavit? – vil du have mere?

Mamaq! – lækkert!

+TOR- = indtager; -LIOR- = laver

Et af de tilhæng, du ofte møder, når der er mad i farvandet, er +TOR-. Det er i de fleste tilfælde stavet med t, men kan indimellem være med s: *sor*. Tilhænget betyder at spise eller drikke noget. Det er næsten kun ved *kaffi*, *kaagi*, *viinni*, *whiskey* og *kakaavi*, at s-varianten bruges. Mere konservative sprogbrugere kan også bruge s-varianten ved *mannik*, æg, og *ameq*, skind.

Tidligere kunne tilhænget betyde at bruge, fx *qajartorpoq*, han ror i kajak, og *isersorpoq*, han bruger øjenene. Nu bruges det i den betydning kun ved tobaksprodukter, og så betyder det at ryge.

1. *Ullaaq uunartumik kaffisorpunga.*
2. *Aamma tiitorpit?*
3. *Naamik, kisianni appelsinjuicitorpunga.*
4. *Sutorpisi?*
5. *Marlunnik boorlutorpunga.*
6. I eftermiddags spiste min søn kage.
7. Også din datter? Nej, hun spiste småkager.
8. I aftes spiste vi grøntsager.
9. Spiste I kød?
10. Nej, men i går spiste vi fisk.

Mad kan man selvfølgelig også lave: -LIOR-. Det kan oversættes med bage, koge, lave, dække, bygge osv. alt efter sammenhængen. -LIOR- er lidt specielt, ligesom mange andre tilhæng, der starter med -LI-, fordi denne forstavelse kan smelte sammen med stammen. Det sker fx i eksemplet med atuakkiorpoq, hvor kkior er en sammentrækning af -GAQ og -LIOR-. I mange tilfælde opfører tilhænget sig dog heldigvis som et helt almindeligt tilhæng.

1. *Ualeru kaagiliussaanga.*
2. *Kaffiliorpit? Suli qalanngilaq.*
3. *Angajoqqaakka nammineq illuliorput.*
4. *Uumasoq nipituumik nipiliorpoq.*
5. Min lillesøster skrev en spændende bog.
6. Børnene lavede mad i dag.
7. Jeg byggede en brun kajak.

Fødselsdagssangen – inuuissiortoq pilluarit!

Vi voksne synger ofte fødselsdagssangen *Inuuissiortoq pilluarit*, "tillykke, fødselar". Det er en god ide at lære sangen udenad, for hvis nogen omkring dig begynder at synge, bør du synge med – også hvis det er en person, du ikke kender. Det sker i kantinen, på kontoret, i restauranten, til fest – alle steder. I mange børnehaver synges i stedet sangen *Ullumi Ane nalliuppoq*.

Inuuissiortoq pilluarit

qanortoq inuummersorit!

Inuuissiorninni taakkuulluta

tamatta nuannaarpugut.

Skåleerta pitsammik taakkuulluta

tamatta nikutserluta: (her skal gæsterne rejse sig op!)

Inuummersoqqullugu qaaqqusisoq

ullorsiortoq una.

Qanortorlu aamma aappaagumut

tamanna angoqqikkiuk,

nuannaarlutillu atortariuk,

inuunerit naatserlugu.

I slutningen af anden linje i andet vers rejser alle undtagen fødselaren sig op. Og til sidst råber man ofte hurra og skåler eventuelt. De fleste steder synger man kun første og andet vers.

Endelser, som vi ikke har snakket om før:

    (n) -nni = på din/ i din

    (v) +lluta = idet vi

    (v) +llugu = idet nogen X ham/det

    (v) +giuk = du skal X ham/det

    (v) +llutit = idet du

-NNGIT- = ikke

For at udtrykke "ikke" eller nægtelse i grønlandsk bruger man ofte tilhænget -NNGIT- (v-v).

Når stammen i et grønlandsk verbum ender på -NNGIT-, skal modusmærket skiftes ud med -laq (i stedet for fx +voq eller +va-). Modusmærket er første del af endelsen. Selve personendelserne forbliver næsten de samme, når vi bruger -NNGIT- i konstaterende eller spørgende sætninger.

	jeg	du	han / hun	vi	I	de
konstatering	vunga	vutit	voq	vugut	vusi	pput
ikke-konstatering	nngilanga	nngilatit	nngilaq	nngilagut	nngilasi	nngillat
spørgsmål		vit?	va?		visi?	ppat?
ikke-spørgsmål		nngilatit	nngila	nngilagut	nngilasi	nngillat
bydemåde		git! / gina		sa	gitsi! / gisi	

Som altid er tredje person flertal (de) lidt uregelmæssig, idet der her er to l'er.

anivoq = han gik ud

anipput = de gik ud

aninngillat = de gik ikke ud

ilinniarpoq = han studerer

ilinniarput = de studerer

ilinnianngillat = de studerer ikke

Oversæt sætningerne.

1. Anaanap nerisassiaa mamanngilaq.
2. Illuga tungujortuunngilaq.
3. Malu ataataqanngilaq.
4. Unnuaq sinissinnaanngilanga.
5. Qallunaat kalaallisut oqalussinnaanngillat.
6. Nunaqarfimmi oqaluffik anginngilaq.

Hvordan ville de lyde uden nægtelsen?

Negativ og negativ giver positiv

Verber, der får -NNGIT- på, får modsat betydning. Nogle verber har i sig selv negativ betydning. De får så positiv betydning med det benægtende tilhæng -NNGIT-.

Det gælder blandt andet verbet ajor- som betyder har det dårligt, er i stykker, er ond. Når ajor- benægtes, får det modsat betydning, altså har det godt, er i orden, er god. Ajor- bruges meget som høflighedsfrase, så du har helt sikker både hørt og brugt nogle af formerne allerede.

1. Jeg har det dårligt:
2. Du har det dårligt:
3. Han / hun / den / det har det dårligt:
4. Vi har det dårligt:
5. I har det dårligt:
6. De har det dårligt:

7. Jeg har det godt:
8. Du har det godt:
9. Han / hun / den / det har det godt:
10. Vi har det godt:
11. I har det godt:
12. De har det godt:

1. Er vejret fint?
2. Ja, vejret er ok i dag.
3. Går det godt med Ina?
4. Nej, hun har det dårligt.
5. Er kaffemaskinen ok?
6. Nej, den er i stykker.
7. Virker telefonerne?
8. De virker desværre stadig ikke.

Hvordan kender man forskel på spørgsmål og svar?

Konstateringer og spørgsmål er stort set ens, når -NNGIT- indgår i ordet:

> *Ajunngilatit?* = Har du det godt?
>
> *Ajunngilatit* = Du har det godt

Her kommer intonationen ind i (lyd)billedet. Hvis det er et spørgsmål, går intonationen ofte op på næstsidste stavelse og ned på sidste stavelse. Der er dialektale forskelle på, hvornår man går op, men som udgangspunkt <u>går man ned på sidste stavelse</u>. I nogle dialekter (fx i Sisimiut) vil du i stedet opleve, at den sidste vokal er lang og stiger i tonehøjde, sådan: *ajunngilatiit?*

At svare på et benægtet spørgsmål

På grønlandsk siger man "nej", hvor vi på dansk siger "jo", når ordet "ikke" indgår i spørgsmålet:

> *Aqissinngilatit? Naamik, aqisserpunga.* Skød du ikke ryper? Jo, jeg skød ryper.

Når vi siger "ja" på dansk (ikke "jo"), siger man også "ja" på grønlandsk:

> *Aqisserpit? Aap, aqisserpunga.* Skød du ryper? Ja, jeg skød ryper.

Men på grønlandsk siger man også "ja", hvis man vil svare bekræftende på et benægtet spørgsmål, altså i nogle af de situationer, hvor vi på dansk siger "nej":

> *Aqissinngilatit? Aap, aqissinngilanga.* Skød du ingen ryper? Nej, jeg skød ingen ryper.

Derfor: Hvis du vil spørge, om din ven vil med på jagt, bør du ikke spørge:

> *Aqisserniaqataarusunngilatit?* Vil du ikke med på rypejagt?

Men derimod:

> *Aqisserniaqataarusuppit?* Vil du med på rypejagt?

Så er du sikker på, at du fortolker svaret korrekt.

1. *Ajunngilatit?* — Har du det godt?
2. *Aap, ajunngilanga.* — Ja, jeg har det fint.
3. *Marlunnik qatannguteqanngilatit?* — Har du ikke to søskende?
4. *Aap, ataasiinnarmik aqqaloqarpunga.* — Nej, jeg har kun en lillebror.

+TAR- = plejer

I grønlandsk skal man markere med et tilhæng, hvis en handling gentages. Det almindeligste gentagetilhæng er *+TAR-* (v-v). Det bruges om det, der gentages regelmæssigt, og om det, man har for vane at gøre. Efter vokal bliver det til *sar*.

> *Kalaallisut ilinniartarpunga* = Jeg studerer grønlandsk
>
> *Nipituumik akisarpoq* = Hun plejer at svare højlydt.

1. Naasut tipigittarput.
2. Alussaammik nerisarpoq.
3. Kaffisortarpit? Aap, kaffisortarpunga.
4. Immulertarpit? Naamik, sukkulertarpunga.

5. Jeg taler grønlandsk.
6. Bikki arbejder i butikken.
7. Musikerne plejer at skrive gode sange.
8. Barnet plejer at drikke te.

Ofte finde man sammen med gentagelsen i handlingen også en gentagemarkering i tidsudtrykket:

> *Ullut tamaasa kalaallisut ilinniartarpunga* = Jeg studerer grønlandsk hver dag
>
> *Pingasunngornikkut pisiniarfimmi sulisarpoq* = Hun arbejder i butikken om onsdagen

Man bruger endelsen *kkut* på ugedagen i stedet for *ppat* eller *mmat*, når handlingen sker gentagent. I nogle tilfælde bruges *ni* i stedet. *Tamaasa* er et selvstændigt ord, der betyder "hver" eller "alle".

1. Sapaatikkut Nivinnguaq arpattarpoq.
2. Unnuit tamaasa nerisassiortarpunga.
3. Weekendini arsaattartunik isiginnaartarpunga.
4. Ukiut tamaasa Tyrkiamut aallartarpugut.
5. Arfininngornikkut iffiorfimmukarpunga.

Overvej forskellen mellem hvert sætningspar. Hvordan markerer man gentagelse på dansk?

1. Ataasinngormat Ivik sulivoq.
2. Ataasinngornikkut Ivik sulisarpoq.
3. Jonathan arbejder på fredag.
4. Jonathan arbejder om fredagen.

+NEQ ajor- = plejer ikke

Man kan benægte en gentagen handling på to måder. Enten kan man efter +TAR- (v-v) tilføje -NNGIT- (v-v):

> sulisussarsiortanngillat = de plejer ikke at søge nye medarbejdere

Ellers erstattes +TAR- (v-v) med tilhænget +NEQ (v-n), og et nyt ord startes med stammen *ajor-*. Husk at sætte den rigtige personendelse på.

> *Sapaatikkut qallunaatut ilinniarneq ajorpunga* = Jeg studerer ikke dansk om søndagen.
>
> *Sapaatikkut qallunaatut ilinniartanngilanga* = Jeg studerer ikke dansk om søndagen.
>
> *Napparsimmavimmi sulisanngilaq* = Hun arbejder ikke på sygehuset.
>
> *Napparsimmavimmi sulineq ajorpoq* = Hun arbejder ikke på sygehuset.

Oversæt sætningerne. Besvar spørgsmålene. Benægt eller afnægt sætningerne.

1. Ullaakkut Maria kalaallisut ilinniartarpoq.
2. Unnukkut Ivik qallunaatut ilinniarneq ajorpoq.
3. Ullumi Janne sulinngilaq.
4. Om aftenen svømmer Liv ikke.
5. Pujortartarpit?
6. Pujortarneq ajorpunga.
7. Aqagu sulissanngilatit?
8. Tiitortarpit?

Dobbelte endelser – at gøre noget ved nogen – asavakkit

Indtil videre har du mest set verber med intransitiv/enkeltkongruerende endelse. Det betyder, at personendelsen kun siger noget om subjektet, dvs. den der er eller gør noget: *ilinniartitsisuuvoq* (hun er lærer); *sinippunga* (jeg sover); *sulivoq* (han arbejder).

En anden slags verber har transitiv/dobbeltkongruerende endelse. Det betyder, at man både markerer, hvem der gør noget (subjektet), og hvem handlingen går ud over (objektet), fx *ikiorpaa* (hun hjælper ham) og *asavaanga* (hun elsker mig).

I ledsagemåde, fx *inuummersoqqullugu* (idet X ønsker, han skal leve længe) fra fødselsdags-sangen, markeres subjektet normalt ikke ved transitive verber.

Verberne kan ændre transitivitet, når man sætter tilhæng på. Det sker fx ved +TIP- (v-v), +QQU- (v-v), +NAR- (v-v) og +NEQAR- (v-v). Man skal derfor altid holde rede på, om et verbum er transitivt eller intransitivt, så man kan sætte den rigtige slags endelse på.

Nogle grønlandske verber findes både som intransitive og transitive, fx *nerivunga* og *nerivara*. Slå altid op i ordbogen, før du sætter en endelse på med en anden transitivitet.

Når du slår op i ordbogen, slutter de *intransitive* verber oftest på *voq, poq, aq*.

De *transitive* verber slutter oftest på *vaa, paa, aa*.

Her er eksempler på intransitive og transitive ord. Hvilken kolonne er transitiv (dobbelt)? Der er sat forskellige endelser på, så ikke alle kan findes i ordbogen. Prøv alligevel.

ikiorpaa	hun hjælper ham	sulivoq	han arbejder
asavaanga	han elsker mig	tikillutit	idet du ankom
atorlugu	ved brug af det	ajorpoq	den er itu
sammisarivaa	han beskæftiger sig med det	iserpunga	jeg gik ind
errorparput	vi vasker det	anorleqaaq	det blæser kraftigt

Du kommer til at lære mere om denne slags ord i *Kompendium til Grønlandsk 2.*

Ord i min arbejdsdag – suliffimmi

Nu kan du efterhånden nok til at forstå og bruge en del af de fraser, du hører på din arbejdsplads.
Du kan også bruge støttesætningerne på s. 9.

Ataatsimiigiassaanga – jeg skal til møde

Aqagu Københavnnimi ataatsimeeqataassaanga – jeg deltager i mødet i København i morgen

Ullumi angerlarsimallunga sulissaanga – jeg arbejder hjemmefra i dag

Qujanaq nalunaaravit – tak for beskeden

KNR-imit Eva sianerpoq ujarlutit / ujarpaatit – Eva fra KNR ringede (fordi hun) leder efter dig

Aajuna normua: 33 33 33 – her er hendes nummer: 33 33 33

Aqagu arlassi sianerfigisinnaavaa? – Er der en af jer, der kan ringe til hende i morgen?

Aqagu KNR-liarnissannut piffissaqarpit? – Har du tid til at komme hen på KNR i morgen?

Massakkut aggersinnaavunga – jeg kan komme nu

Ullumi naapinnissarput aqagumut kinguartipparput – vores møde i dag flytter vi til i morgen

Qassinut sumilu naapissaagut? – Hvad tid og hvor skal vi mødes?

Peqataasinnaanngilanga – jeg kan ikke deltage

Inortuilaassaanga – jeg kommer til at blive lidt forsinket

Utoqqatserpunga inortuigama – undskyld jeg kommer for sent

E-maili takuiuk? – Har du set mailen?

Apeqqutissaqarpit? – Har du nogen spørgsmål?

Apeqquteqarpunga – jeg har et spørgsmål

Sulilluarina / sulilluarisi – god arbejdslyst (sagt til én/flere)

Ulapilaarpunga – jeg har lidt travlt

Takulaarsinnaaviuk? – vil du lige se på det?

Takulaarlara – lad mig lige se på det

Kukkuvoq / kukkusimavoq / kukkuneqarpoq – det er forkert / der er en fejl

Normoq kukkusimavoq – forkert nummer

Amigaateqarpoq – der mangler noget

Ajornartorsiuteqarpoq – der er et problem

Qaa, nerisa! – kom, lad os spise

Matulaaruk – luk den venligst

Quiliiv' (quilivippunga) – jeg skal tisse

Det som alle spørger om – asuliinnaq

Hvad er pendant til rødgrød med fløde?

Tuttut tututtut tuttutut tuttutuuttut betyder beskidte rensdyr spiser rensdyr som rensdyr. Det er sjovt at sige, fordi der kun bliver brugt t'er og u'er. Så skal man holde hovedet koldt og tungen lige i munden. Husk, at to t'er eller to u'er altid udtales langt.

Qaqqaqaqaaq – der er enormt mange fjelde

Qaqqap qaavani kumak qarrakoq – en knust lus på toppen af fjeldet

Pooqattaqakataqaanga – jeg er virkelig træt af at holde tasken

Parkaqakataqalungalu træskooqakataqaanga – jeg er møgtræt af at gå i parka og træsko

Araabiamiuarangavunga? – Ligner jeg en lille araber?

Sakkutuut sallutuut sakkutuut – stærke, lyvende soldater

Hvor mange ord er der for is og sne?

Det kommer an på, hvordan man definerer "ord". Ifølge *Oqaasileriffik* er der over 160.

Hvad er det længste grønlandske ord?

Verdens længste ord kunne være *nalunaarasuartaateeranngualioqatigiiffissualioriataallaqqissupilorujussuanngortartuinnakasinngortinniamisaalinnguatsiaraluallaqqooqigaminngamiaasiinngooq* (Det forlød, at de tilsyneladende, gu' ved for hvilken gang, atter havde overvejet, om jeg, min ringe stand til trods, stadig kan anses for at være ganske ferm og snarrådig som igangsætter til at stable et konsortium på benene for at etablere en række små radiostationer). Men for det første kan det gøres endnu længere, fx *nalunaarasuartaateeraARAnngualioqatigiiffissualioriataallaqqissupilorujussuanngortartuinnakasinngortinniamisaalinnguatsiaraluallaqqooqigaminngamiaasiinngoorLU*. For det andet kan det måske nok give mening i teorien, men det vil aldrig optræde i praksis. Så ville man jo også kunne sige, at hundeluftergummistøvletørrestativstangsmalingrørepindssplint er det længste danske ord ... så det er sjovere at finde rigtige ord, der bliver brugt i virkeligheden. Det kan du gøre i *Oqaasileriffik*s korpus, hvor du finder ord som forekommer i aviser, bøger osv. Vi har fundet nogle ord, der er ret lange, og som bruges i virkeligheden:

suliariumannittussarsiuusseqqittoqartussanngoraluarluni

aningaasaateqarfiliuunneqarsinnaanngoraluarpulluunniit

isumaqatigiissuteqarfigineqarsimagaluaraangalluunniit

Brug din ordbog – oqaasersiuutit

Det er ikke altid så nemt at slå ting op. Derfor skal du øve dig i at bruge din ordbog. Prøv at slå ord og tilhæng op i forskellige ordbøger og grammatikker. Du kan finde forskellige hjælpemidler på de næste sider.

Oversæt følgende ord/tilhæng. Skriv ordklasse, eventuelle tilhæng, endelser, eller dan dine egne sætninger.

Aqagu

Ippassaq

Sinippoq

+NIAR-

Arnat

Marluk

Iterpunga

+(V)VIK

Soraassagaluarpoq

Tuttunniarpunga

Atuakkat

Kisianni

+SINNAA-

-SSA-

Atuarfiit

Nukaluunniit

Meeqqat

Pakkalussat

Qaqugu

Timmisinnaapput

Timmissinnaavorlu

Erneralu

Domino-princippet: Dan selv ord – oqaasiliorneq

Du kender nok princippet med domino-brikker. Hver brik har et antal prikker i hver ende, som skal passe sammen med en anden briks prikker.

Det er det samme princip, der gælder for grønlandske ord. Her bruger vi bare bogstaverne v og n i stedet for prikker.

Brug miniordbogen i denne bog eller en egentlig ordbog og en grammatik til at finde:

rødder / stammer

TILHÆNG

endelser

Du kan købe et sæt dominobrikker på www.Greenlandic.dk.

ani- (anivoq)	v		v	+TOQ (-:toq)	n		n	-U- (-uvoq/avoq)	v
ilinniar- (ilinniarpoq)	v		n	-QAR- (-qarpoq)	v		n	-t/±it	
illu	n		v	+vunga / -langa			n	±mi/ni	

Og sæt dem sammen, så bogstaverne v og n passer til hinanden:

ani- (anivoq)	v		v	-NNGIT- (-nngilaq)	v		v	~~+vunga /~~ -langa	
ilinniar- (ilinniarpoq)	v		v	+TOQ (-:toq)	n		n	~~-t/±it~~	

Lav selv flere dominobrikker, som du kan bruge til at øve dig i at danne ord med.

Repetition – hvad har du lært?

Oversæt sætningerne og svar på spørgsmålene. Hvis du lærer dine svar udenad, er det nemmere at bruge dem i praksis uden for kursuslokalet.

1. Ataataga Larsimik ateqarpoq.
2. Qanoq ateqarpit?
3. Larsikkut 2010-mi Nanortalimmut nuupput.
4. Qanga nuuppit?
5. Uanga Iluliarmiuuvunga.
6. Sumiuuit?
7. Larsip nulia meeqqerivimmi sulisarpoq.
8. Sumi sulisarpit?
9. Lars inatsisilerisuuvoq.
10. Sutut sulisarpit?
11. Kusanartunik atisaqartarpoq.
12. Qaqortumik ilulleqartarpoq.
13. Qarlii qasertuupput.
14. Qanoq isikkoqarpit?
15. Pisortara Sisimiunukarusuppoq.
16. "Angalalluarina", oqarpunga.
17. Sumukarusuppit?
18. Pisortara Sisimiuniippoq.
19. Illit sumiippit?
20. KNR-imit sulisoq sianerpoq.
21. Ajoraluartumik pisortara sulinngilaq.
22. "Sianeqqissinnaavit?" aperivara.
23. Ataasinngorpat sianeqqilaarit!
24. Ataasinngorpat sianeqqissaaq.
25. Arfininngormat sulinngilanga.
26. Ippassaq sulivit?
27. Larsikkunnut pulaarpunga.
28. "Sutussavit?" aperivaanga.
29. "Kaffeqarpa?" aperivunga.

30. "Aap, kaffeqarpoq," akivoq.

31. Larsilu kaffisorpugut.

32. Nulia tiitorpoq.

33. Taanna kaffisorneq ajorpoq.

34. Tiitortarpit?

35. Kaalerpunga.

36. Iffiartorpugut.

37. Larsikkut biileqarput.

38. Mittarfimmut biilerpugut.

39. Mittarfimmi aappaluttumik timmisartoqarpoq.

40. "Qassinut aallassavit?" aperivaannga.

41. "Pingasunut aallassaanga", akivakka.

42. "Apuulluarina," innuulluaqquaannga.

43. "Aasaru takuss," akivunga.

44. Qaqugu takoqqissaagut?

Lidt om Grønlands historie – qanga ullumikkullu

I løbet af de sidste 4.000 år har flere forskellige kulturer været repræsenteret i det, der i dag er Grønland, og i perioder har landet været helt ubeboet. Omkring 980 e. Kr. bosatte de islandsktalende nordboer sig i Sydvestgrønland på strækningen mellem Kap Farvel og nutidens Nuuk. De dannede en kristen fristat og levede af fåreavl og fangst. Kulturelt set befandt de sig i den yderste periferi af det kristne, katolske Europa. I 1000-tallet fortsatte de kortvarigt deres ekspansion til det amerikanske kontinent, hvor det imidlertid ikke var muligt for dem at slå sig ned varigt, fordi området allerede var befolket af mennesker, som nordboerne kaldte "skrællinger".

Kort før 1200 migrerede et af disse amerikanske folk, den såkaldte Thule-kultur, fra Ellesmere Island i nutidens Canada via Smith Sund til det nordvestligste Grønland. Thule-kulturen er forfædre til nutidens grønlændere, inuit. Thule-kulturen bredte sig hurtigt mod både nordøst og syd, og allerede i første halvdel af 1200-tallet mødte de nordboerne, der hvert år tog på fangstrejser nordpå. I det lange løb blev kulturmødet katastrofalt for nordboerne. I første omgang allierede de sig med den norske konge, som de midt i 1200-tallet indvilgede i at betale skat til. Som modydelse forventede de beskyttelse. Det var imidlertid ikke muligt for den norske kongemagt at være til stede i det fjerne Grønland i fornødent omfang, og da Norge midt i 1300-tallet blev ramt af pest, som slog mere end halvdelen af befolkningen ihjel, ophørte kontakten til Grønland næsten helt.

Thule-kulturen var en nomadiserende jæger-fanger-kultur, hvis mennesker var yderst mobile og særdeles rutinerede våbenbrugere. Imod dem kunne de islandsktalende bønder ikke stille noget op, og midt i 1300-tallet, hvor kontakten hjem til Norge ophørte, opgav nordboerne deres nordlige bosættelse, den såkaldte Vesterbygd tæt på nutidens Nuuk. Mindre end 100 år senere var det også slut med bosættelsen i syd, den såkaldte Østerbygd. Vi ved ikke i detaljer, hvad der skete.

I Norge anså man Grønland for at være norsk territorium, som kongen havde haft højhedsret over siden 1262, men pestepidemien fik vidtrækkende politiske konsekvenser. I 1380 viste det sig umuligt at opretholde norsk selvstændighed, så fra 1380 til 1814 havde Danmark og Norge fælles konge og udgjorde dermed et dobbeltmonarki. Den dansk-norske konge var også konge over Grønland og betragtede i hele perioden lokalbefolkningen som sine undersåtter på linje med de andre folk i det multikulturelle imperium, som før svenskekrigene i 1600-tallet var et af Europas stærkeste.

Der blev gjort flere forsøg på at genskabe kontakten til Grønland, men først i begyndelsen af 1600-tallet lykkedes det en dansk ekspedition at komme i land og få kontakt med lokalbefolkningen. Tilbage i 1578 var en engelsk ekspedition under ledelse af Martin Frobisher uden at vide det gået i land på Grønlands vestkyst, men uden at møde mennesker. I 1585, 1586 og 1587 kom den ligeledes engelske opdagelsesrejsende John Davis, der som den første europæer siden nordboerne mødte og beskrev lokalbefolkningen i Grønland og endda noterede nogle ord fra deres sprog. Englænderne ledte efter en søvej til Kina via Nordpolen, den såkaldte Nordvestpassage, men fandt den ikke. Da kong Christian IV udsendte tre ekspeditioner i 1605, 1606 og 1607, var det altså i konkurrence med andre europæiske magter, som også stod på spring i det farvand, som nu var kommet til at hedde Davisstrædet. Et mindre antal grønlændere blev taget til fange og bortført til Danmark. Formålet var at lære dem dansk og gøre dem kristne, hvorefter de skulle tilbage til deres eget land og fungere som en slags ambassadører for den dansk-norske kongemagt. Det kom der ikke noget ud af, men grønlænderne vakte opsigt i København, hvor ingen dengang nogensinde før havde set sådanne mennesker.

Samtidig med, at Christian IV udsendte sine ekspeditioner, drev nederlænderne en omfattende hvalfangst- og handelsvirksomhed i Davisstrædet. Et germansk-grønlandsk pidgin-sprog udviklede sig, og nederlandske varer (kobbergryder, knive, fiskekroge, skjorter, bukser, perler, osv.) blev forhandlet i Vestgrønland og byttet for skind, spæk og elfenben fra narhvaler og hvalrosser. Derfor kom den dansk-norske suverænitet i Grønland under pres. Et sidste forsøg på at landsætte en dansk ekspedition i Grønland blev gjort i 1655. Tre kvinder og en mand blev bortført. Manden døde undervejs til København, men de tre kvinder overlevede og boede en årrække i Danmark, længe nok til, at man fik registreret lidt af deres sprog og produceret et antal ordlister, hvoraf to blev trykt (i 1656 og 1673). Svenskekrigene satte foreløbig en stopper for yderligere dansk aktivitet i Grønland, og imens fortsatte den intensive nederlandske fangst- og handelsvirksomhed i Davisstrædet.

Det grønlandske samfund var egalitært. Det betyder, at der ikke var formelle overhoveder. Befolkningen levede i spredte grupper under ledelse af lokale storfangere og religiøse specialister, *angakkut*, som fortolkede de strenge taburegler og varetog kontakten med den usynlige åndeverden. I sommerhalvåret boede man i skindtelte og flyttede rundt efter fangstdyrene. Om vinteren boede man i huse med vægge af tørv og sten og tage af drivtømmer og hvalknogler tækket med tørv. Når det i løbet af foråret blev tid til at flytte i telt, fjernede man taget. Næste gang det var tid at flytte i vinterhus, blev husene genopbygget og taget i brug af de familier, der først nåede frem til dem.

I 1720 sluttede Den Store Nordiske Krig for Danmark-Norges vedkommende, og det blev igen muligt at tænke på Grønland. En norsk præst ved navn Hans Egede havde i mere end 10 år arbejdet på at påbegynde missionsvirksomhed der, og i 1721 lykkedes det ham at komme afsted med kongelig opbakning og finansieret af en kreds af købmænd i Bergen. Formålet med at sende Hans

Egede til Grønland var at geninddrage landet i det dansk-norske imperium og gøre lokalbefolkningen til gode kristne borgere, som var loyale over for den dansk-norske konge.

Foreløbig slog Hans Egede og hans familie og mandskab sig ned på en ø få sømil fra nutidens Nuuk. Øen blev kaldt Håbets Ø, og i 7 år var kolonien placeret der, før den i 1728 blev flyttet til et næs på fastlandet (Nuuk) og navngivet Godthåb. Ude på Håbets Ø gik Hans Egede og hans familie straks i gang med at lære grønlandsk og skabe et skriftsprog til brug for deres missionsvirksomhed. I løbet af ganske få år begyndte både kristendommen og det nye skriftsprog så småt at slå rod og brede sig i befolkningen på og omkring Håbets Ø. Der skulle gå mindre end hundrede år efter Hans Egedes bosættelse i 1721, før næsten hele befolkningen i Vestgrønland kunne læse og skrive, og før det attende århundrede randt ud, var hele den grundlæggende infrastruktur på plads i form af et betydeligt antal nyanlagte byer ("kolonier") fra Upernavik i nord til Nanortalik i syd. Østgrønland og området nord for Kap York var utilgængelige for tidens europæiske skibe og blev først koloniseret fra slutningen af 1800-tallet.

Før midten af 1800-tallet blev alle grønlandske bøger trykt i Europa, langt de fleste i Danmark. I 1856 blev der etableret to lokale trykpresser i Nuuk, og fra 1861 begyndte den første grønlandske avis, *Atuagagdliutit*, at udkomme. Den første grønlandske roman, *Sinnattugaq*, udkom i 1914, og siden da er der udkommet en stor mængde grønlandsk litteratur.

Da det dansk-norske imperium blev opløst i 1814, beholdt Danmark højhedsretten over de tidligere norske landsdele Island, Færøerne og Grønland, selv om Fastlandsnorge kom til at høre under Sverige og opnåede selvstændighed i 1905. I 1953 blev Grønland et dansk amt, og med den nye danske grundlov fik Grønland to repræsentanter i Folketinget, hvad landet ikke havde haft før. Da Danmark stemte sig ind i EF i 1972, fulgte Grønland med ind i Fællesmarkedet, selv om der var et stort lokalt flertal imod. Det satte skub i den proces, der førte til hjemmestyre (1979) og senere Grønlands udtræden af De Europæiske Fællesskaber (1985). I 2009 blev hjemmestyret udvidet til et såkaldt selvstyre. De sidste år har der været tale om at redefinere Rigsfællesskabet og måske endda tage skridtet frem mod løsrivelse eller danne fællesskab med andre nationer.

Hjælpemidler og oversigter – ikiuutit

På de næste sider ser du en hel del forskellige hjælpemidler og oversigter. Det kan nemt virke meget uoverskueligt. Brug det derfor som opslagsværk – og forsøg ikke at lære det hele udenad.

Kig på linksene og se, hvilke hjælpemidler, du synes bedst om.

Slå op i teminologilisten, når du skal finde et grammatisk udtryk i en anden grammatik/bog/ordbog.

Læs det grammatiske minikursus igennem, hvis du er i tvivl om, hvad de grammatiske udtryk betyder.

Kig i miniordbogen, hvis du er i tvivl om et ords betydning her i bogen. Hvis du gerne vil lære nogle af dem udenad, så start med dem, der er **fremhævet**.

Se på lydreglerne, hvis sammensætningen af ordets dele volder problemer.

Kig i skemaerne, når du skal finde en endelse. I første omgang kan du koncentrere dig om de blå endelser.

Hjælpemidler og oversigter – ikiuutit

Gode links

På Sprogsekretariatets hjemmeside **www.oqaasileriffik.gl** under menupunktet "ressourcer" kan du finde mange hjælpemidler. Blandt de vigtigste er:

Ordanalysator (analyserer ord)

Liveanalyse (analyserer ord og vælger den mest sandsynlige analyse)

Stavekontrol (Kukkuniiaat) (stavekontrol)

Martha (talesyntese, som kan læse grønlandsk tekst højt)

Korpus (samling af tekster, som du kan søge i)

Katersat (ordregister) (samling af ord – kan bruges som ordbog)

Ordbøger (samling af ordbøger – kan findes direkte på ordbog.gl)

Nutserut (automatisk oversættelse – kan findes direkte på nutserut.gl)

Andre gode hjælpemidler:

 **DAKA** (grønlandsk-dansk og dansk-grønlandsk ordbog). Findes også på ordbog.gl

Groenord (morfologisk analyse kombineret med ordbøger 

 **LG online** (online undervisningmateriale, som er gratis i 2022 og fem år frem)

LG3 (nyere morfologisk og syntaktisk analysator kombineret med ordbøger) 

 Flemming A. J. Nielsen: *Vestgrønlandsk grammatik*, detaljeret systematisk grammatik med udførlig tilhængsliste (kan købes hos LearnGreenlandic i Nuuk eller på greenlandic.dk).

 Liv Molich: *Kompendium til Grønlandsk* **1**, **2**, **3** og **4**, gennemgang af den regelmæssige grammatik kombineret med opgaver og kulturel information (kan købes hos LearnGreenlandic i Nuuk eller på greenlandic.dk).

Google Translate tilføjede grønlandsk i 2024. Der findes også efterhånden flere andre **AI**-baserede oversættelsestjenester.

Terminologi

Latin	Grønlandsk	Dansk
substantiv/nomen	taggit	navneord
verbum	oqaluut	udsagnsord
enklitisk partikel	uiguutit annerit	efterhæng
subjekt	susoq	grundled
direkte objekt	susaq	genstandsled
radix	nagguik	rod
derivativ, affix	uiguut	tilhæng
fleksiv	naaneq	endelse
numerus	qassiussusersiut	tal
persona	kinaassusersiut	person
modus	oqaluutit atuuffii	måde
transitiv	susalik	dobbeltkongruerende
intransitiv	susaatsoq	enkeltkongruerende
indikativ	oqaluinnarniut	fremsættemåde, ligefremhed
interrogativ	apersuiniut	spørgemåde
optativ	kissarniut	ønskemåde
imperativ	inatsiniut	bydemåde
kausativ, konjunktiv	pisimasorsiut	da-fordi-måde
konditionalis	pissanersorsiut	når-hvis-måde
participium	taggisaasaq	at-måde, participialmåde
kontemporativ, konkomitativ	aappiuttartoq	ledsagemåde
absolutiv	taasiinnarniut	grundfald
relativ	allamoorut	afhængefald
lokativ / lokalis	sumiiffilerut	mi-fald / i / på / ved
terminalis / allativ	piffilerut	mut-fald / til / mod
ablativ	aallarfilerut	mit-fald / fra / af
vialis	aqqutilerut	kkut-fald / gennem / via
instrumentalis / modalis	atortulerut	mik-fald / vha.
ækvalis / aequalis	assilerut	tut-fald / ligesom

Grammatisk minikursus – ord og ordklasser

Ord opdeles i forskellige **ordklasser**, fx:

Verbum (udsagnsord, oqaluut)	går, cyklede	ingerlavoq, sikkilerpunga

Verber (de ord, man på dansk kan sætte "at" eller "jeg" foran) **bøjes**, så man kan se, hvem der gør noget:

Verbum i 1. person (jeg)	**jeg** går ud, **jeg** gik ud	ani**vunga**
Verbum i 3. person (han, hun, den, det)	**han** går ud, **han** gik ud	ani**voq**

Verber bøjes også i **modus** (måde):

Verbum i 3. person, indikativ	**han** kom ind	iser**poq**
Verbum i 3. person, participialmåde	**at han** kom ind	iser**toq**

Verber bøjes også i **transitivitet** (endelsen viser, om handlingen går ud over nogen):

Intransitiv / enkeltkongruerende	**han** kom ind	iser**poq**
Transitiv (det går ud over en anden)	**hun** hjalp **ham**	ikior**paa**
Transitiv (det går ud over en anden)	**han** elsker **hende**	asa**vaa**

Substantiv (navneord), adjektiv (tillægsord) og proprium (egennavn) danner tilsammen ordklassen:

Nomen (taggit)

Substantiv (navneord)	menneske, træer	inuk, orpiit
Adjektiv (tillægsord)	grøn, store	qorsuk, angisuut
Proprium (egennavn)	Jørgen, Grønland	Joorut, Kalaallit Nunaat

Nominer bøjes i **kasus**. De 8 kasusser svarer nogle gange til de danske småord "i", "til", "med" osv.

Nomen i absolutiv kasus (basisformen)	kvinde	arnaq
Nomen i relativ kasus	kvinde, kvindens	arnap
Nomen i lokativ	hos kvinden	arnami

Nominer bøjes også i tal: **ental** eller **flertal**.

Nomen i absolutiv kasus, ental	kvinde	arnaq
Nomen i absolutiv kasus, flertal	kvinder	arnat
Nomen i lokativ, flertal	hos kvinderne	arnani

Partikel (oqaaseeraq) dækker over alle ord, der ikke er nominer eller verber. Partikler bøjes som regel ikke.

Adverbium (biord)	meget, også, sådan, nu	assut, aamma, ima, maanna
Konjunktion (bindeord)	og, men	aamma, kisianni
Interjektion (udråbsord)	ja, stop!, hej!	aap, tassa!, haluu!

Partikellignende ord kan dannes som bøjningsformer af nominer:

Nomen	hurtig	sukkasooq
"Partikel"	hurtigt	sukkasuu**mik**
Nomen	grønlænder	kalaaleq
"Partikel"	grønlandsk	kalaalli**sut**

Grammatisk minikursus – sætninger

En sætning består mindst af et **verbum** (**udsagnsord**).

Kun verbum (på grønlandsk)	skål!	kasuutta!
	han går	ingerlavoq
	han elsker ham	asavaa

På grønlandsk behøver man ikke udtrykke, hvem der foretager handlingen, med et selvstændigt ord. Gør man det alligevel, er det et subjekt (grundled):

Intransitivt verbum + subjekt	manden går	angut ingerlavoq

Et **dobbeltkongruerende / transitivt verbum** kan stå alene, have et subjekt (grundled, den der gør noget) eller både have et subjekt og et objekt (genstandsled, den det går ud over). I nogle tilfælde kan man også nøjes med et objekt.

Transitivt verbum	hun elsker ham	asavaa
Transitivt verbum + subjekt	kvinden elsker ham	arnap asavaa
Transitivt verbum + subjekt + objekt	kvinden elsker manden	arnap angut asavaa
Transitivt verbum + objekt	hun elsker manden	angut asavaa

Ordets **funktion** i sætningen markeres af dets **kasus** (endelse):

Subjekt for intransitivt verbum	kvinden går ud	arnaq anivoq
Subjekt for transitivt verbum	kvinden elsker ham	arnap asavaa
Objekt for transitivt verbum	han elsker kvinden	arnaq asavaa
Sted for handling	han arbejder på skolen	atuarfimmi sulivoq
Retning for handling	han går ind på skolen	atuarfimmut iserpoq

Tid og sted for en handling står ofte først i sætningen, og **verbum** står ofte sidst.

Sted + subjekt + verbum	udenfor læser bedstefar	silami aataa atuarpoq
Tid + verbum	om vinteren sner det	ukiukkut apisarpoq
Tid + sted + subjekt + verbum	i 2021 arbejdede Ina i Nuuk	2021-mi Nuummi Ina sulivoq.

Miniordbog – grønlandsk-dansk

Her får du en oversigt over næsten alle de ord og orddele, du er stødt på indtil videre, plus en håndfuld stednavne. Brug den som mini-opslagsværk, og lær gerne mange af ordene udenad. Start med at lære de ord, der er **markerede**. Efter den grønlandsk-danske ordbog er der også en dansk-grønlandsk ordbog.

adv.: adverbium (biord)

dem. interj: demonstrativ interjektion (påpegende udråbsord)

dem. pron.: demonstrativt pronomen (påpegende stedord)

interj.: interjektion (udråbsord)

konj.: konjunktion (bindeord)

kvant. pron.: kvantitativt pronomen (mængdestedord)

n: nomen eller nominalsyntagme (ordgruppe med nominer)

pron.: pronomen (stedord)

v: verbum (udsagnsord)

Dine første rødder / stammer

aajuku – her er de (interj., flertal af aajuna)

aajuna / aana – her er den (interj., ental)

aalisagaq – fisk (n)

aallarfilerut – ablativ / mit-kasus (n, grammatisk betegnelse)

aallarpoq – tager afsted (v)

aamma – og / også / mere (konj., adv.)

aammalu – og / igen (konj., interj.)

aana / aajuna – her er den (interj., ental)

aanaa / aanaq – bedstemor (n)

aap / suu – ja (interj.)

aappaagu – næste år (adv.)

aappaluttoq / aappilattoq – rød (n)

Aappilattoq – Rød (navn på en bygd)

aappiuttartoq – ledsagemåde, konkomotativ, kontemporativ (n, grammatisk betegnelse)

aasaq – sommer (n)

aasaru – til sommer (adv.)

aasiak – edderkop (n)

Aasiaat – Edderkopperne (bynavn)

aataa / aataq bedstefar (n)

aggerpoq – kommer (v)

aja – moster (n)

ajoraluartumik – desværre (adv.)

ajorpoq – 1) er i stykker, har det dårligt (v); 2) +NEQ ajorpoq – plejer ikke at vb-e

ajornartorsiut(ə) – vanskelighed, problem (n)

ajunngilaq – det er fint, ok, har det godt (v)

akivaa – svarer ham (v)

akivoq – svarer (v)

akka – farbror (n)

akunneq – time, mellemrum (n)

aleqa – storesøster til dreng (n)
alerseq – strømpe (n)
aliasuppoq – sørger, er bedrøvet (v)
allagaq – brev, skrivelse (n)
allalik – mønstret (n)
allamoorut(ə) – relativ kasus, p-kasus, afhængefald (n, grammatisk betegnelse)
allappoq – skriver (v)
allarut(ə) – håndklæde, viskestykke (n)
Alluitsoq – Stedet Uden Åndehuller (navn på en bygd)
Alluitsup Paa – Fjordmundingen Ved Stedet Uden Åndehuller (navn på en bygd)
alussaat(ə) – ske (n)
aluu / haluu – hej (interj.)
ameq – skind (n)
amigaat(ə) – mangel, mangelvare (n)
amigaateqarpoq – mangler (v)
ammarpaa – åbner den (v)
Ammassivik – Stedet Hvor Man Samler Ammassatter (navn på en bygd)
anaana – mor (n)
Anda – Anders (drengenavn)
aneerpoq – er ude (v)
angajoq / angaju – storebror til dreng eller storesøster til pige (n)
angajoqqaat – forældre (n, flertal af angajoqqaaq)
angak / angaaq – morbror (n)
angalaarpoq – er på tur (v)
angalavoq – er på tur/rejse, går rundt (v)
angerlamut – hjemad (adv.)
angerlarsimavoq – er hjemme (v)
angisooq – stor (n)
angissuseq – størrelse (n)
angivoq – er stor (v)
anguaa – indhenter det, når det, opnår det (v)
angut(ə) – mand (n)
ani – storebror til pige (n)
aningaasaateqarfik – bank (n)
aningaasat – penge (n, flertal af aningaasaq)
anivoq – går ud (v)
anneq – størst (n)
annerpoq – føler smerte (v)
annilaangavoq – er bange (v)
annoraaq – anorak (n)
anorlerpoq – det blæser (v)
aparpaa – kysser ham (v)
apeqqut(ə) – spørgsmål (n)
aperivaa – spørger ham (v)
aperivoq – spørger (v)
apersuiniut(ə) – spørgemåde, interrogativ (n, grammatisk betegnelse)
apivoq – det sner (v)
apuuppoq – ankommer (v)
aqagu – i morgen (adv.)

aqaguagu – i overmorgen (adv.)

aqisseq – en rype (n)

aqisserpoq – skyder ryper (v)

aqqalu / aqqaluk – lillebror til pige (n)

aqqaneq / aqqanilik eller isikkaneq / isikkanilik – elleve (n)

aqqusineq – vej (n)

aqqut(ə) – vej, rute, forbindelse (n)

aqqutilerut(ə) – vialis, kkut-fald, gennem, via (n, grammatisk betegnelse)

arfeq – hval (n)

arfersaneq / arfersanilik – seksten (n)

arfineq / arfinilik – seks (n)

arfineq-marluk / arfineq-marloq – syv (n)

arfineq-pingasut / arfineq-pingasoq – otte (n)

arfininngormat – i lørdags (v: "da det blev lørdag")

arfininngorneq – lørdag (n)

arfininngornikkut – om lørdagen (n)

arfininngorpat – på lørdag (v: "når det bliver lørdag")

arlaat – en af dem (n)

arlassi – en af jer (n)

arnaat(ə) – kæreste (n)

arnaq – kvinde (n)

Arnaq – Kvinde (pigenavn)

arpappoq – løber (v)

arriippoq – er langsom (v)

arsaapput – spiller (fod)bold med hinanden (v, flertal)

arsaattartoq – (fod)boldspiller (n)

arsarnerit – nordlys (n, flertal af arsarneq)

Arsuk – Det Man Holder Af (navn på en bygd)

asavaa – elsker ham (v)

assak – hånd (n)

assammioq / assammiu– fingerring (n)

assilerut(ə) – ækvalis, tut-fald, ligesom (n, grammatisk betegnelse)

assut – meget, i høj grad (adv.)

asuki / asukiaq / åårsh – det ved jeg ikke (interj.)

asuliinnaq – bare for sjov (interj.)

ataaseq – én (n)

ataasinngormat – i mandags (v: "da det blev mandag")

ataasinngorneq – mandag (n)

ataasinngornikkut – om mandagen (n)

ataasinngorpat – på mandag (v: "når det bliver mandag")

ataata – far (n)

ataatsimiippoq – er til møde (v)

ateq – navn (n)

ateqarpoq – hedder (v)

atequt(ə) – nederdel (n)

atisat – tøj (n, flertal af atisaq)

atorlugu – ved brug af (v)

atorpaa – bruger det, låner det; oplever det (v)

atortulerut – instrumentalis, modalis, mik-fald, ved hjælp af (n, grammatisk betegnelse)

atsa – faster (n)
Attu – Berørt (navn på en bygd)
atuagaateqarfik – bibliotek (n)
Atuagagdliutit / atuagalliutit – Læseforsyning (navn på en avis, n, flertal af atuagalliut(ə))
atuagaq – bog (n)
atuakkiorpoq – skriver bøger (v)
atuarfik – skole (n)
atuarpoq – læser (v)
atuartitsisoq – skolelærer (n)
atuartoq – elev (n)
atuuffik – måde, modus, funktion, anvendelsesområde (n, grammatisk betegnelse)
Avannaata Kommunia – Kommunen I Nord
baaj / bye – farvel, hej (interj.)
biili – bil (n)
boorlu – bolle (n)
bussi – bus (n)
danskeq – en dansker (n)
danskisut – (på) dansk (n, kasus ækvalis)
e-maili – e-mail (n)
Eqalugaarsuit – De Små Ørreder (navn på en bygd)
eqqissisimaarpoq – hygger sig (v)
eqqumiippoq – er mærkelig (v)
eqqumiitsuliorneq – kunst (n)
eqqumiitsuliornermik atuarfik – kunstskole (n)
eqqumiitsuliortoq – kunstner (n)
erneq – søn (n)
errorpaa – vasker det (om tøj eller opvask; v)
erruivoq – vasker op (v)
festerpoq – holder fest (v)
haluu / aluu – hej (interj.)
hunnoruju – hundrede (n)
iffiaq – brød (n)
iffiorfik – bageri (n)
igaffik / iggavik – køkken (n)
igalaaq – vindue, rude (n)
igaq / iga – gryde (n)
igasoq – kok (n)
iggavik / igaffik – køkken (n)
iggu – nåårh, hvor sødt! (interj.)
Iginniarfik – Stedet Hvor Man Går På Jagt (navn på en bygd)
iipili – æble (n)
Ikamiut – Dem Der Bor Derhenne (navn på en bygd)
Ikerasaarsuk – Det Lille Sund (navn på en bygd)
Ikerasak – Sundet (navn på en bygd)
ikinngut(ə) – ven (n)
ikiorpaa – hjælper ham (v)
ikiorti (ə) – medhjælper (n)
ikiuut(ə) – hjælpemiddel (n)
ikivoq – går om bord (v)

ila – del, ven, fælle, part (n)
ilaasortaq – medlem (n)
ilagivaa / ilagaa / ilagalugu – er sammen med N (v)
ilaqutaq – familiemedlem (n)
Ilimanaq – Forventningen (navn på en bygd)
ilingasoq – krøllet, kruset (n)
ilinniagaqarpoq – er uddannet, har en uddannelse (v)
ilinniarluarina – god fornøjelse med studierne! (v, imperativ)
ilinniarnertuunngorniarpoq – går på gymnasiet (v)
ilinniarpoq – er under uddannelse, studerer (v)
ilinniartitsisoq – en lærer (n)
ilinniartoq – en studerende (n)
iliorpoq – gør noget (v)
ilisarivaa / ilisaraa – genkender ham, kender ham (v)
ilisimatusartoq – forsker (n)
ilissi – I, jer (pron.)
ilissilu – det var så lidt, i lige måde (interj., henvendt til flere personer)
illillu – det var så lidt, i lige måde (interj., henvendt til én person)
illimmi – hvad med dig?
illit – du, dig, din/dit/dine (pron.)
Illorsuit – De Store Huse
illu – hus (n)
ilorleq – det inderste (n)
ilu – indre (n)
iluliaq – isfjeld (n)
Ilulissat – Isfjeldene (bynavn, flertal af iluliaq)
ilulleq – skjorte, det inderste (n)
ilumioq / ilumiu – foster (n)
ilumut – det er sandt / er det sandt? (interj.)
ilusilersuisartoq – designer (n)
ima – sådan, på den måde (adv.)
imaluunniit – eller (konj.)
immaqa – måske (adv.)
immineq – sig selv (pron.)
immuk – mælk (n)
inatsiniut(ə) – imperativ, bydemåde (n, grammatisk betegnelse)
inatsisilerisoq – jurist (n)
inequnartoq – sød (n)
ingerlavoq – er i gang, bevæger sig fremad (v)
ingippoq – sætter sig ned, tager plads (v)
ini (ə) – værelse, rum (n)
Innaarsuit – Klippevæggene (navn på en bygd)
innarpoq – går i seng (v)
inortuivoq – kommer for sent (v)
inuaq – finger (n)
Inuit Nunaat – Menneskenes Land
inuk – menneske (n)
inunngorpoq – blev født (v)
inuuik – fødselsdag (n)

inuuissiorneq – fødselsdagsfejring (n)
inuuissiorpoq – fejrer fødselsdag (v)
inuuissiortoq – fødselar, fødselsdagsbarn (n)
inuulluaqquaa – hilser, ønsker et godt liv (v)
inuuvoq – er født, lever (v)
ippassaani – i forgårs (adv.)
ippassaq – i går (adv.)
ippoq – er (v)
iput(ə) – åre (n)
isarussat – briller (n, flertal af isaruaq)
iserpoq – går ind (v)
isi (ə) – øje (n)
isigak – fod (n)
isiginnaarpoq – ser tv, ser teater, betragter (v)
isiginnaartitsivoq – spiller teater (v)
isikkaneq / isikkanilik eller aqqaneq / aqqanilik– elleve (n)
isikkoq – udseende (n)
Isortoq – Det Tågede Hav eller Det Grumsede Vand (navn på en bygd)
isuma – mening, opfattelse, betydning, sind (n)
isumaqarpoq – mener, synes, tænker, tror (v)
isumaqatigiissut(ə) – aftale, overenskomst (n)
iterpoq – vågner (v)
Itilleq – Overgangsstedet Mellem To Fjorde (navn på flere lokaliteter)
ittu – bedstefar eller mandlig leder (n)
ittuk – skibsmotorlyd (n)
Ittoqqortoormiit – Beboerne På Stedet Med De Store Huse (østgrønlandsk bynavn)
Ivalu / ujaloq – Senetråd (pigenavn)
iverut(ə) – ørering (n)
Ivik – Græsstrå (personnavn)
Ivittuut – Stederne Med Meget Græs (stednavn)
Julia – Julie / Julia (pigenavn)
Juaansi / Ujuaansi – Johannes (drengenavn)
Juulut / Joorut – Jørgen (drengenavn)
Juuntaat – Jonathan (drengenavn)
kaageeraq – småkage (n)
kaagi – kage (n)
kaappoq – er sulten (v)
kaffeqarpoq – der er kaffe (v)
kaffi – kaffe (n)
kaffillerneq – kaffemik (n)
kajortoq – brun, gul (n)
kaffillerpoq – holder kaffemik (v)
kakaavi – kakao (n)
kakkiviaq – overlæbe (n)
kakkivissami umiit – overskæg (n, flertal af umik)
kalaaleq – grønlænder (n)
kalaallisut – på grønlandsk (n, kasus ækvalis)
Kalaallit Nunaat – Grønlændernes Land
Kaalat / Kaarat – Karen (pigenavn)

Kalistiaat / Kristiaat – Kristian (drengenavn)
kamappoq – er vred (v)
kamik – støvle (n)
kamiit / kammit / kanngit – støvler (n, flertal af kamik)
Kangaamiut – Beboerne Ved Forbjerget (navn på en bygd)
Kangaatsiaq – Det Temmelig Store Forbjerg (navn på en bygd)
Kangerluk - Fjorden (navn på en bygd)
Kangerlussuaq – Den Store Fjord (navn på en bygd)
Kangilinnguit – Stederne Med Mindre Forbjerge
kapisilik, flertal kapisillit – skællaks (n)
Kapisillit – Skællaksene (navn på en bygd)
kasuutta – skål! (v, imperativ)
katersat – samling (n, flertal af katersaq)
katillugit – tilsammen (v)
katipput – de sammenføjes, de ægtevies, de bliver gift (v, flertal)
kiaguppoq – har det varmt, sveder (v)
kiak – varmt! (v, interjektion)
kiappoq – det er varmt (v)
kigut(ə) – tand (n)
Kiista – Kirsten (pigenavn)
kikkut – hvem (pron., absolutiv eller relativ kasus, flertal af kina)
kina – hvem (pron., absolutiv kasus)
kinaassusersiut(ə) – personendelse (n, grammatisk betegnelse)
kinguartippaa – udsætter det (v)
kingumut – tilbage, bagud (n, kasus terminalis)
kiserliorpoq – er ensom (v)
kisianni – men (konj.)
kissarniut(ə) – optativ, ønskemåde (n, grammatisk betegnelse)
kjoleq – kjole (n)
Kommuneqarfik Sermersooq – Sermersooq Kommune (kommunenavn)
Kujalleq – Det Sydligste (kommunenavn)
kukkuneq – en fejl (n)
kukkuniiaat(ə) – fejlfjerner (n, navn på stavekontrol)
kukkuvoq – er forkert (v)
Kullorsuaq – Den Store Tommelfinger (navn på en bygd)
Kulusuk – Fugleryggen (gammel skrivemåde af qulusuk, navn på en bygd)
kumak – en lus (n)
kumoorn – godmorgen! (interj.)
kunaat – godnat! (interj.)
kunngi – konge (n)
kunngikkormiut – kongehuset, de royale (n, flertal af kunngikkormioq)
kunngissaq – kronprins (n)
Kunuk / Kunuuti – Knud (drengenavn)
kusanarpoq (kusanaq) – er flot (v)
kutaa – goddag! (interj.)
Kuummiut – Beboerne Ved Elven (navn på en bygd)
maaji – maj (n)
maani – her (adv., lokativ kasus)
maanna – nu (adv.)

makippoq – står op, rejser sig (v)
Malik – Bølge (personnavn)
mamaq – det smager godt (interj. af mamarpoq)
Maniitsoq – Ujævnt (bynavn)
marluk / marloq – to (n)
marluliaq – tvilling (n)
marlunngormat – i tirsdags (v: "da det blev tirsdag")
marlunngorneq – tirsdag (n)
marlunngornikkut – om tirsdagen (n)
marlunngorpat – på tirsdag (v: "når det bliver tirsdag")
masappoq – er våd (v)
massakkut – nu (adv.)
mattak – hvalhud (n)
matu – en dør (n)
matuaa – lukker den (v)
matuersaat(ə) – en nøgle (n)
meeraq – barn (n)
meeqqerivik – børnehave (n)
mikisoq – lille (n)
mikivoq – er lille (v)
minneq – mindst (n)
mippoq – er landet (v)
mittarfik – lufthavn, landlingsbane (n)
Naajaat – Mågeungerne (navn på en bygd)
naalagiarpoq – er til gudstjeneste (v)
naalakkersuisoq – landsstyremedlem, minister (n)
naalappaa – adlyder ham, lytter efter ham (v)
naamik – nej (interj.)
naapinneq – et møde, sammentræf (n)
naapippaa – møder ham (v)
naapipput – de mødes (v, flertal)
naaneq – slutning (n)
naasoq – blomst, plante (n)
naasorissaasoqarfik – gård (n)
naatitat – grøntsager (n, flertal af naatitaq)
naatsoq – kort (om længde) (n)
naavoq – det er slut (v)
nagguik – stamme, rod, herkomst (n)
naja – lillesøster til en dreng (n)
najugaq – opholdssted (n)
najugaqarfik – bopæl (n)
najugaqarpoq – bor (v)
nakorsaat(ə) – lægemiddel, medicin (n)
nalliuppoq – indtræffer, holder fødselsdag (v)
naluaa – kender ham ikke, ved det ikke (v)
nalunaarasuaat(ə) – telegram (n)
nalunaarasuartaat(ə) – telegrafi (n)
nalunaarpoq – meddeler noget, siger til, giver en besked (v)
naluppoq – svømmer (v)

naluttarfik – svømmehal (n)
nammineq – selv (pron.)
nanoq – (is)bjørn (n)
Nanortalik – Stedet Med Isbjørne eller Stedet Med Tørv (bynavn)
Napasoq – Oprejst (navn på en bygd)
napparsimavoq – er syg (v)
napparsimmavik / napparsimavik – sygehus (n)
narsaq – slette (n)
Narsaq – Sletten (bynavn)
Narsaq Kujalleq – Den Sydligste Slette (navn på en bygd)
narsarmiutaq – lap(lands)værling (fugl; n)
Narsarsuaq – Den Store Slette (navn på en bygd)
nasaq – hat/hue (n)
nattoralik – ørn (n)
neqi (ə) – kød (n)
nerisarfik – spisested, restaurant (n)
nerisassiaq – måltid (n)
nerisassiorpoq – laver mad (v)
neriuut(ə) – håb (n)
nerivaa – spiser det (v)
nerivoq – spiser (v)
Nerlerit Inaat – Gåsehabitatet (navn på en bygd)
Niaqornaarsuk – Det Særlige Hovedlignende (navn på en bygd)
Niaqornat – De Hovedlignende (navn på en bygd)
Nikkulaat – Nikolaj (drengenavn)
nikuippoq – rejser sig op (v)
nikutserpoq – rejser sig pludselig op (v)
ningiu – bedstemor eller kvindelig leder (n)
nipaarsaarpoq – er stille (v)
nipi (ə) – lyd (n)
nipiliorpoq – larmer, lyder (v)
nipitooq – højlydt (n)
niu – et ben (n)
niuerneq – handel (n)
Niuernermik Ilinniarfik – Handelsskolen
niuvoq – står af, går i land (v)
Nivi – Pige (pigenavn)
niviarsiaraq – pige (n)
Norgemioq – nordmand (n)
normu – nummer (n)
nujaq – hårstrå (n)
nuannaarpoq – er glad (v)
nuannarivaa – kan lide det/ham/hende (v)
nuannerpoq / nuann' – er dejlig (v)
nuka – lillebror til dreng eller lillesøster til pige (n)
Nukaaraq – Lille Dreng (drengenavn)
nukarleq – den yngste (n)
nuliaq – kone (n)
nuna – land, landområde (n)

nutaaq – ny (n)
nutsat – hår (n, flertal af nujaq)
nutserut(ə) – oversættelsesredskab (n)
Nuugaatsiaq – Det Temmelig Store Næs (navn på en bygd)
Nuuk – Næsset (bynavn og navn på mange lokaliteter)
nuuppoq – flytter (v)
Nuussuaq – Det Store Næs (navn på flere lokaliteter)
oqaaseeraq – partikel (n, grammatisk betegnelse)
oqaaseq – ord (n)
oqaaseqatigiit – sætning (n, flertal)
Oqaasersiuutit – Ordsøgemiddel (flertal, navn på ordbog)
Oqaasileriffik – Sted Hvor Man Beskæftiger Sig Med Sprog/Ord (navn for sprogsekretariat)
oqaasiliorneq – orddannelse (n)
Oqaatsut – Skarvene (navn på en bygd)
oqaluffik – en kirke (n)
oqaluinnarniut(ə) – indikativ, fremsættemåde, ligefremhed, konstatering (n, grammatisk betegnelse)
oqaluppoq – snakker, taler (v)
oqaluttuarpoq – fortæller (v)
oqaluut(ə) – verbum, udsagnsord, handling (n, grammatisk betegnelse)
oqaq – en tunge (n)
oqarpoq – siger (v)
orpik – træ (n)
orpimmiutaq – gråsisken (fugl; n)
Paamiut – Beboerne Ved Fjordmundingen (bynavn)
paasivaa – forstår det (v)
paffik – håndled (n)
paffimmioq / paffimmiu – armbåndsur (n)
pagga – noget der kastes i grams ved en festlig lejlighed (n); forkortelse af paggapput – de slås
pakkaluaq / pakkalugaq – sommerfugl (n)
palasi – præst (n)
pangalippoq – løber (om et dyr) (v)
panik – datter (n)
peqataavoq – er med til noget, deltager (v)
peqqippoq – 1) er rask; 2) får igen (v)
peqqissaasoq – sygeplejerske (n)
peroriartorpoq – vokser op (v)
pi – ting, noget (n, kun med personendelse eller tilhæng)
piareerpoq – er klar (v)
piffilerut(ə) – terminalis, allativ, mut-fald, til, mod, hen (n, grammatisk betegnelse)
piffissaq – tid (n)
Piitaq / Piita – Peter (drengenavn)
pikkori(k) – ih, hvor er du dygtig! (forkortelse af pikkoripputit)
pilluarit – tillykke! (v, imperativ henvendt til én person)
pilluarpoq – er lykkelig / salig (v)
pillugit – om / vedrørende flere ting (v, ledsagemåde)
pillugu – om / vedrørende én ting (v, ledsagemåde)
pilutaq – blad på en plante (n)
pingasunngormat – i onsdags (v, "da det blev onsdag")
pingasunngorneq – onsdag (n)

pingasunngornikkut – om onsdagen (n)
pingasunngorpat – på onsdag (v, "når det bliver onsdag")
pingasut – tre (n)
pinnersoq – smuk (n)
pinnguarpoq – leger (v)
pisimasorsiut(ə) – kausativ, konjunktiv, da-fordi-måde (n, grammatisk betegnelse)
pisiniarfik – butik / dagligvareforretning (n)
pisiniarpoq – er på indkøb, handler ind (v)
pisivoq – køber (v)
pisortaq – chef, leder (n)
pissanersorsiut(ə) – konditionalis, når-hvis-måde (n, grammatisk betegnelse)
pissanganarpoq – er spændende (v)
pissangavoq – er spændt på noget (v)
pissippoq – hopper, springer (v)
pitsak – udmærket, god (n)
Pituffik – Fortøjningssted (Thule Air Base)
pivoq – får, gør, sker, kommer (v)
pooqattaq – taske (n)
puisi – sæl (n)
pujortarpoq – ryger tobak (v)
pulaarpoq – besøger (v)
qaagit / qaa – kom! (v, imperativ henvendt til én person)
qaamasoq – lys, noget lyst (n)
Qaanaaq – Udhulning (navn på en by)
qaanniorpoq – bygger en kajak (n)
qaaq – overflade (n)
qaaqqusivoq – inviterer (v)
Qaarsut – Klippefladerne (navn på en bygd)
qaavani – oven på den (n, lokativ af qaaq med personendelse)
qajaasaq – grønlandsk post (n, plante)
qajaq – kajak (n)
qajartorpoq – ror i kajak (v)
qalappoq – koger, steger, syder, er under tilberedning (v)
qallunaaq – dansker; europæer (historisk) (n)
qallunaatsiaq – nordbo (n)
qallunaatut – (på) dansk (n, kasus ækvalis)
qallut – øjenbryn (n, flertal af qallu)
qaneq – mund (n)
qanga – hvornår (fortid; adv.)
qanoq – hvordan, hvad (adv.)
qanorooq – hvad blev der sagt (adv.)
qanortoq – gid! / bare! (interj.)
qaqortoq – hvid (n)
Qaqortoq – Hvid (bynavn)
qaqqaq – fjeld, bjerg (n)
qaqugu – hvornår (fremtid, adv.)
qarliit – bukser (n, flertal af qarlik)
qarrakoq – mast, knust (n)
qasertoq – grå (n)

Qasigiannguit – De Små Spraglede Sæler (bynavn)
Qassiarsuk – Den Lille Lavning (navn på en bygd)
Qassimiut – Beboerne Ved Lavningen (navn på en bygd)
qassinut – hvilket tidspunkt? (pron.)
qassit – hvor mange? (pron.)
qassiussusersiut(ə) – (en)tal, (fler)tal, numerus (n)
qasuvoq – er træt (v)
qatanngut(ə) – en bror eller en søster (n)
qatanngutigiit – søskendeflok (n, flertal)
qatigak – ryg (n)
qeerlutooq – and (n)
Qeqertalik – Forsynet med Øer (kommunenavn)
Qeqertaq – Øen (navn på en bygd)
Qeqertarsuaq – Den Store Ø (bynavn, stednavn)
Qeqertarsuatsiaat – De Temmelig Store Øer (navn på en bygd)
Qeqertat – Øerne (navn på en bygd)
Qeqqata Kommunia – Kommunen i Midten
qernertoq – sort (n)
qiavoq – græder (v)
qiimavoq – er munter, glad (v)
qilaat(ə) – grønlandsk tromme (n)
qilanaarpoq – glæder sig til noget(v)
qimmeq – en hund (n)
qingaq – næse (n)
qitippoq – danser (v)
qitsuk – en kat (n)
qiviarpoq / qivi! – vender opmærksomheden mod noget (v)
qorsuk – grøn, gulgrøn (n)
quivoq – tisser (v)
qujanaq – tak
qulingiluat / qulaaluat – ni (n)
qulit – ti (n)
qulleq – en lampe, det øverste (n)
qungujuppoq – smiler (v)
qupperneq – side (n)
Saarloq – Den Skaldede Plet (navn på en bygd)
Saattut – De Flade Tynde Sten (navn på en bygd)
sakkoq / sakku – våben, værktøj (n)
sakkutooq – soldat (n)
sallu / sall – løgn (n)
sammisarivaa / sammisaraa – beskæftiger sig med det (v)
sanasoq – tømrer, håndværker (n)
saniani – ved siden af det (n, lokativ med personendelse)
sapaat – søndag (n)
sapaatikkut – om søndagen (n)
sapaatip akunnera – uge (n, "søndagens mellemrum")
sapaatiummat – i søndags (v, "da det var søndag")
sapaatiuppat – på søndag (v, "når det er søndag")
Saqqaq – Solsiden (navn på en bygd)

Sarfannguit – De Små Strømsteder (navn på en bygd)
sarfaq – strøm (n)
sava – et får (n)
Savalimmiut – Beboerne Hvor Der Er Får, Færøerne
Savissivik – Stedet Hvor Man Finder Jern (navn på en bygd)
seqineq – solen (n)
seqinnerpoq – solen skinner (v)
sermeq – indlandsis (n)
Sermersooq – Med Meget Indlandsis (kommunenavn)
siallerpoq – det regner (v)
sialuk – regndråbe (n)
sianerfigivaa / sianerfigaa – ringer til ham (v)
sianerpoq – ringer (v)
Sika – Charlotte (pigenavn)
sikaavik – skab (n)
sikkilerpoq – cykler (v)
sikkili – cykel (n)
siku – is (n)
sikuerniarpoq – sælger is (v)
sila – vejr, forstand, verdensordenen (v)
silami – udenfor (n, lokativ kasus)
silataani – udenfor det (n, lokativ kasus med personendelse)
silarsuaq – verden (n)
sinippoq – sover (v)
sinnattugaq – en drøm (n)
siorna – sidste år (adv.)
sisamanngormat – i torsdags (v, "da det blev torsdag")
sisamanngorneq – torsdag (n)
sisamanngornikkut – om torsdagen (n)
sisamanngorpat – på torsdag (v, "når det bliver torsdag")
sisamat – fire (n)
Sisimiut – Beboerne Ved Rævehulen (bynavn)
siulequt(ə) – forord (n)
siulleq – det forreste (n)
siumut – fremad (n, kasus terminalis)
siut(ə) – øre (n)
sivisooq – langvarig (n)
skooq – sko (n)
skåleerpoq – siger skål! (v)
sooq – hvorfor? (adv.)
sooruna – hvorfor det? (adv.)
soraarneq – pensionist (n)
soraarpoq – holder fri, tager sin afsked (v)
soraluaq – nevø (n)
sorleq – hvilken (pron.)
su – hvad / noget (spørgerod, kun med endelse eller tilhæng)
sukkasooq – hurtig (n)
sukkut – sukker (n, flertal af sukkoq)
suliaq – arbejdsopgave (n)

suliarivaa / suliaraa – arbejder med det (v)

sulisoq – ansat (n)

sulivoq – arbejder (v)

sumi – hvor (pron., kasus lokalis)

sumiiffilerut(ə) – lokalis, lokativ, mi-fald, i, på, ved (n, grammatisk betegnelse)

sumi(i)t / suminngaanniit – hvorfra (pron., kasus ablativ)

sumut – hvortil (pron., kasus terminalis)

suna – hvad / noget (pron., absolutiv kasus)

sunaana – hvad er det? (interj.)

sungaartoq – gul (n)

susaatsoq – uden objekt, intransitiv, enkeltkongruerende (n, grammatisk betegnelse)

susalik – med objekt, transitiv, dobbeltkongruerende (n, grammatisk betegnelse)

susaq – objekt, genstandsled (n, grammatisk betegnelse)

susoq – subjekt, grundled (n, grammatisk betegnelse)

suvoq – gør hvad (v)

sutut – som hvad (pron., kasus ækvalis)

suu / aap – ja (interj.)

Suulut – Søren (drengenavn)

suuvoq – er hvad (v, bruges kun spørgende)

taaguillaqqippoq – har en god udtale (v)

taakku – de, dem (dem. pron., flertal af taanna)

taanna – han, ham (dem. pron.)

taamaammat – derfor (v, "fordi det er sådan")

taartoq – mørk (n)

taasiinnarniut(ə) – absolutiv kasus, grundfald (n, grammatisk betegnelse)

taava – så, derpå (adv.)

taavaa – benævne den, kalde den for (v)

taggisaasaq – participium, at-måde, participialmåde (n, grammatisk betegnelse)

taggit(ə) – nomen, navneord, substantiv, betegnelse (n, grammatisk betegnelse)

takanna – værsgo (dem. interj.)

takisooq – lang (n)

takkuppoq – dukker op (v)

takuaa – ser det (v)

takussaagut (takussavugut, takuss') – vi ses (v, 1. person flertal)

tallimanngormat – i fredags (v, "da det blev fredag")

tallimanngorneq – fredag (n)

tallimanngornikkut – om fredagen (n)

tallimanngorpat – på fredag (v, "når det bliver fredag")

tallimat – fem (n)

tamaasa – alle (kvant. pron., ved objekt eller adverbialled)

tamanna – denne, dette (dem. pron.)

tamassa – kom indenfor! (dem. interj.)

tamatta – vi / os alle (kvant. pron.)

Tasiilaq – Indsøen (østgrønlandsk bynavn)

Tasiusaq – Indsøen (navn på en bygd)

tassa – stop! (interj.); dér, det er (adv.); det vil sige (konj.)

tassaavoq – det er (v)

tii – te (n)

tiimi – time (n)

tiivi – tyve (n)

tikippoq – er ankommet (v)

timmippoq – har diarré (v)

timmisartoq – flyvemaskine (n)

timmivoq – flyver (v)

tipigippoq – dufter dejligt (v)

tipiippoq / tipiik! – lugter grimt (v)

torrak – sejt, cool (interj.)

tujuuluk / tuluujuk – trøje (n)

tungujortoq – blå (n)

tusagassiorfik – mediehus (n)

tusagassiortoq – journalist (n)

tusassaagut / tusassavugut / tusass – vi høres (v, 1. person flertal)

tuttu – rensdyr (n)

tuttunniarpoq – går på rensdyrjagt (v)

tutuppoq – er fuld af indgroet snavs (v)

uagut – vi (pron.)

ualeq – eftermiddag (n)

ualeru – i eftermiddag (adv.)

uanga / ua – jeg, mig, min/mit/mine (pron.)

uffarpoq – er i bad (v)

ui – ægtemand (n)

uiguut(ə) – derivativ, tilhæng, affix (n, grammatisk betegnelse)

uippakajaarpoq – har travlt, er stresset (v)

ujarpaa – leder efter ham/den (v)

Ujuaansi / Juaansi – Johannes (drengenavn)

ukioq – vinter, år (n)

ukioqarpoq – er (±nik) år gammel (n)

ukioru – til vinter (adv.)

Ukkusissat – Fedtstenene (navn på bygd og adskillige lokaliteter)

uku – de (dem. pron.)

ulapippoq – har travlt (v)

ullaaq – morgen (n), i morges (adv.)

ulloq – dag (n); ullut tamaasa: hver dag

ulluinnaq – hverdag (n)

ullumi – i dag (n i lokativ kasus)

ullumikkut – i dag (n i kombineret kasus: lokativ og ækvalis)

umiaq – konebåd (n)

umik – skæghår (n)

una – han / hun / den / det (dem. pron.)

unippoq – stopper (v)

unittarfik – stoppested (n)

unnuaq – aften (n)

unnugu – i aften (adv.)

unnuk – aften (n)

Upernaviarsuk – Det Elendige Forårssted (stednavn)

Upernavik – Forårsstedet (bynavn og navn på adskillige lokaliteter)

utaqqivoq – venter (v)

uterpoq – vender tilbage; gentager (v)

utoqqaq – gammel (n)
utoqqatserpunga – undskyld (v)
uumasoq – et dyr (n)
uumavoq – lever, er levende (v)
Uummannaq – Hjerteformet (bynavn og navn på adskillige lokaliteter)
uummat(ə) – hjerte (n)
uunartoq – brandvarm (n)
viinni – vin (n)
åårsh / asuki / asukiaq – det ved jeg ikke (interj.)

Dine første tilhæng

N = nomen
v = verbalstamme, verbalendelse
n = nominalstamme, nominalendelse

(n-n) = tilhænget føjes til et nomen og danner et nyt nomen
(n-v) = tilhænget laver et nomen om til et verbum
(v-v) = tilhænget føjes til et verbum og danner et nyt verbum
(v-n) = tilhænget laver et verbum om til et nomen
vb-*er* = en handling, for eksempel "syng*er*" eller "svar*er* ham"

-ARAQ / -ERAQ / -ORAQ (n-n) – lille N
-ERNIAR- (n-v) – sælger N
-ERNIARFIK (n-n) – N-butik, sted hvor man sælger N
+GALUAR- (raluar) (v-v) – vb-er ganske vist, ellers
+GAQ (taq, saq) (v-n) – N som er vb-et
+GƏ- (n-v) – eje, have N til N
+GI- (gina/gisi) (v-v) – tilhænget er obligatorisk ved visse imperativ-former
+GIAR- (riar) (v-v) gå hen for at vb-e
+GIARTOR- (iartor, riartor) (v-v) – 1) gå hen for at vb-e; 2) vb-er mere og mere
±GIP- (gik!) (n-v) – har en god N
+GU (n-n) – kommende tid
+GUMA- (ruma) (v-v) – ønsker at vb-e
+GUMAAR- (rumaar) (v-v) – bestemt fremtid: skal nok vb-e
+GUSUP- / -RUSUP- (v-v) – vil gerne vb-e
+IARTOR- (giartor, riartor) (v-v) – 1) gå hen for at vb-e; 2) vb-er mere og mere
-INNAQ (n-n) – kun N
-INNAR- (v-v) – vb-er bare
-IP- (ik!, it!) (n-v) – har en dårlig N
-JU- (u) (n-v) – er N
-KASIK (n-n) – stakkels N, dårlig N, lille N
-KATAP- (v-v) – er træt af at vb-e
-KKUT (n-n) – N-gruppen
-LAAR- (v-v) – 1) vb-er lidt; 2) høflig imperativ
-LAAR- +SINNAA (v-v) – meget høflig spørgemåde: vil du være sød at vb-e?
-LIK (n-n) – forsynet med N
-LER- (v-v) – 1) skal til at vb-e; 2) er lige begyndt at vb-e
-LER- (n-v) – forsyner det med N, putter N i
-LER- -VIP- (liivip) (v-v) – er lige ved at vb-e

-LI- (v-v) – er blevet vb-et
-LIAR- (n-v) – rejser/bevæger sig hen til N
-LII- (n-v) – fylde N år
-LIOR- (n-v) – laver, skaber, brygger, bager N
-LIUUP- (n-v) – oprette N til N, tager N med til N
-LLAP- (v-v) – vb-er pludseligt
-LLAQQIP- (v-v) – er dygtig til at vb-e
-LLEQ / RLEQ (n-n) – den mest N
-LLER- (n-v) – byder på N
+LLUAR- (v-v) – vb-er godt
±MEER- / NEER- (n-v) – er fra/af N
±MIIP- / NIIP- (n-v) – er i/på/ved N
±MINNGAANNEER- / NINNGAANNEER- (n-v) – er fra/af N
+MIOQ (n-n) – N-beboer
+MISAAR (v-v) – vb-er gentagent
-MMERSOR- (v-v) – vb-er længe
±MUKAR- / NUKAR- (n-v) – bevæger sig til/mod N
+NAR- (v-v) – det gør at man vb-er
+NEQ (v-n) – det at vb-e, vb-ning
+NEQ ajor- (v-v) – plejer ikke at vb-e
+NEQAR- – (v-v) passiv: vb-es
+NERU- – (v-v) vb-er i højere grad
-NGA- (n-v) – ligner, ser ud som N
+NIAR- (v-v) – 1) prøver, agter at vb-e; 2) bruges med imperativ ved stærk opfordring
+NIKUU- (v-v) – fortid: har vb-et, vb-ede
-NNGIT- (v-v) – nægtelse: vb-er ikke
-NNGOR- (n-v) – bliver til N
-NNGUAQ (n-n) – lille N
-NNGUATSIAR- (v-v) – vb-er sikkert, vb-er vistnok
+NNIAR- (n-v) – er på jagt efter N
-NNIP- (si, tsi, i) (v-v) – halvtransitiv (oversættes ikke)
-ORAQ / -ARAQ / -ERAQ (n-n) – lille N
-PAJUK (n-n) – sikken flot/god N!
+PIANNGIT- (v-v) – vb-er ikke særlig meget
-PILUK (n-n) – ond N
-QAR- (n-v) – har N, der er N
-QATAA- (v-v) – er med til at vb-e
-QATIGIIP- (v-v) – er sammen om at vb-e
-Qə- (v-v) – forstærkende eller understregende
-QQIP- (v-v) – 1) vb-er igen; 2) vb-er helt
-QQOOQə- (v-v) – vb-er vistnok
-QQU- / -QQUSI- (v-v) – beder / lader ham vb-e
+GALUAR- (raluar) (v-v) – vb-er ellers
-RIAR- (v-v) – bruges med imperativ og antyder utålmodighed
+RIARTOR- (iartor, riartor) (v-v) – 1) gå hen for at vb-e; 2) vb-er mere og mere
-RIATAAR- / -RIASAAR- – vb-er pludselig
-RLEQ / LLEQ (n-n) – den mest N
-RUJUK (n-n) – 1) sølle; 2) stor; 3) meget
+RUMA- (ruma) (v-v) – ønsker at vb-e

+RUMAAR- (rumaar) (v-v) – bestemt fremtid: skal nok vb-e
-RUSUP- / +GUSUP- (v-v) – vil gerne vb-e
+SAQ$_1$ (gaq, saq) (v-n) – N som er vb-et
+SI- (n-v) – købe N, skaffe sig N
+SIMA (v-v) – har været vb-et, er blevet vb-et
+SINNAA- (v-v) – kan vb-e
+SIOR- (n-v) – 1) leder efter N; 2) fejrer N, færdes i/på N
+TOR- (sor) (n-v) – indtager (spiser, drikker, ryger) N
-SSA- (v-v) – neutral fremtid: vil / skal vb-e
-SSAQ (n-n) – kommende N / fremtidig N
-SSUSEQ (v-n) – vb-ethed
+(R)SUAQ (n-n) – stor N
+TAR- (sar) (v-v) – plejer at vb-e (om det der gentages regelmæssigt)
+TAQ (gaq, saq) (v-n) – N som er vb-et
+TAQ (n-n) – tilhørende N
+TIP- / +TITSI- (v-v) – lader ham vb-e, får ham til at vb-e
+TOOQ (n-n) – med stor / meget N
+TOOR- (v-v) – kom uheldigvis / tilfældigvis til at vb-e
+TOQ (soq) (v-n) – en / noget der vb-er
+TOR- (sor) (n-v) – indtager (spiser, drikker, ryger) N
-TSER- (v-v) – venter på at obj vb-er
+TUINNAR- (v-v) – vb-er hele tiden
-U- (ju) (n-v) – er N
-USAQ (n-n) – N-lignende
±UTƏ- (v-v) – vb-er for / med ham / det / sig selv / hinanden
-UTƏ (n-n) – N som man har til rådighed
-UTƏ (v-n) – redskab til at vb-e
+(V)VIGƏ (v-v) – vb-er med hensyn til person
+ (V)VIK (v-n) – sted hvor man vb-er
-VIP- (v-v) – vb-er fuldstændigt/helt og aldeles; forudgående vokal forlænges

Dine første endelser
(n) -a – hans N
(n) -at – deres N
(n) -ata – hans N (relativ kasus)
(n) +ga (ra) – min N
(v) +gaangat (kaangat, raangat) – hver gang han vb-er (gentagemåde)
(v) +gama (kama, rama) – da jeg vb-ede (da-/fordi-måde)
(v) +gamma (kamma, ramma) – da du vb-ede mig (da-/fordi-måde)
(v) +gaminnga (kaminnga, raminnga) – da de vb-ede mig (da-/fordi-måde)
(v) +gavit (kavit, ravit) – da du (da-/fordi-måde)
(v) +gina (kina, rina) – du skal vb-e (bydemåde)
(v) +gisi (kisi, risi) – I skal vb-e (bydemåde)
(v) +git (rit) – du skal vb-e (bydemåde)
(v) +gitsi (ritsi) – I skal vb-e (bydemåde)
(v) +giuk (uk, kiuk, riuk) – du skal vb-e det (bydemåde)
(n) -i – hans flere N
(n) ±it (t) – flere N; din N
(v) +kaangat (gaangat, raangat) – hver gang han vb-er (gentagemåde)

(v) +kama (gama, rama) – da jeg vb-ede (da-/fordi-måde)

(v) +kamma (gamma, ramma) – da du vb-ede mig (da-/fordi-måde)

(v) +kaminnga (gaminnga, raminnga) – da de vb-ede mig (da-/fordi-måde)

(v) +kavit (gavit, ravit) – da du (da-/fordi-måde)

(v) +kina (gina, rina) – du skal vb-e (bydemåde)

(v) +kisi (gisi, risi) – I skal vb-e (bydemåde)

(n) +kka – mine N

(n) -kkut – gennem/hen ad/via/om tidsord N

(v) -lagut – vi vb-er (indikativ, kun lige efter -NNGIT-)

(v) -lakkit – jeg vb-er dig (indikativ, kun lige efter -NNGIT-)

(v) -langa – jeg vb-er (indikativ, kun lige efter -NNGIT-)

(v) -la? – vb-er han? (spørgemåde, kun lige efter -NNGIT-)

(v) -laq – han vb-er ikke (indikativ, kun lige efter -NNGIT-; også modusmærke før personendelse)

(v) -lasi – I vb-er ikke (indikativ, kun lige efter -NNGIT-)

(v) -latit? – vb-er du ikke? (spørgemåde, kun lige efter -NNGIT-)

(v) -latit – du vb-er ikke (indikativ, kun lige efter -NNGIT-)

(v) -llat – de vb-er ikke (indikativ, kun lige efter -NNGIT-)

(v) +llugit – idet nogen vb-er dem (ledsagemåde)

(v) +llugu – idet nogen vb-er ham (ledsagemåde)

(v) +llunga – idet jeg vb-er (ledsagemåde)

(v) +lluta – idet vi vb-er (ledsagemåde)

(v) +llutit – idet du vb-er (ledsagemåde)

(n) -m- min N

(n) ±mi / ni – i/på/ved/hos N

(n) ±mik / nik – på N måde

(n) ±mi(i)t / ni(i)t – fra/af

(v) +mmat – da han vb-ede, da det blev/var ugedag (da-/fordi-måde)

(n) ±mut / nut – til/mod

(v) +na (og gina) – du skal vb-e (bydemåde)

(v) -nga – jeg (sammen med modusmærke)

(n) -ni – sin N, sine N

(v) -nnga – du skal vb-e mig (bydemåde)

(n) -nni – i/på/hos/ved min/din

(n) -p – N's

(v) +paq- (vaq) – indikativ (modusmærke, kun sammen med dobbelt personendelse)

(v) +pa? (va) – vb-er han? (spørgemåde)

(v) +paa (vaa) – han vb-er hende (indikativ)

(v) +paanga (vaanga) – han vb-er mig (indikativ)

(v) +paannga (vaannga) – de vb-er mig (indikativ)

(v) +paat (vaat) – de vb-er ham/det/dem (indikativ)

(v) +paatit (vaatit) – han vb-er dig (indikativ)

(v) +pakka (vakka) – jeg vb-er dem (indikativ)

(v) +pakkit (vakkit) – jeg vb-er dig (indikativ)

(v) +para (vara) – jeg vb-er ham/det (indikativ)

(v) +parput (varput) – vi vb-er ham/det (indikativ)

(v) +patit (vatit) – du vb-er dem (indikativ)

(v) +pi- (vi) – spørgemåde (modusmærke, kun sammen med personendelse)

(v) +pinga? (vinga) – vb-er du mig? (spørgemåde)

(v) +pisi? (visi) – vb-er I? (spørgemåde)
(v) +pisinga? (visinga) – vb-er I mig? (spørgemåde)
(v) +pit? (vit) – vb-er du? (spørgemåde)
(v) +piuk? (viuk) – vb-er du ham/hende/den? (spørgemåde)
(v) +poq (voq) – han vb-er (indikativ); også modusmærke før personendelse
(v) +ppat? – vb-er de? (spørgemåde)
(v) +ppat – når han vb-er, når det bliver ugedag (når-/hvis-måde)
(v) +pput – de vb-er (indikativ)
(v) +pugut (vugut) – vi vb-er (indikativ)
(v) +punga (vunga) – jeg vb-er (indikativ)
(n) -ra (ga) – min N
(v) -raangat (kaangat, gaangat) – hver gang han vb-er (gentagemåde)
(v) -rama (kama, gama) – da jeg vb-ede (da-/fordi-måde)
(v) -raminnga (kaminnga, gaminnga) – da de vb-ede mig (da-/fordi-måde)
(v) -ramma (kamma, gamma) – da du vb-ede mig (da-/fordi-måde)
(v) -ravit (kavit, gavit) – da du (da-/fordi-måde)
(v) -rina (kina, gina) – du skal vb-e (bydemåde)
(v) -risi (kisi, gisi) – I skal vb-e (bydemåde)
(v) -rit (git) – du skal vb-e (bydemåde)
(v) -ritsi (gitsi) – I skal vb-e (bydemåde)
(v) -riuk (uk, kiuk, giuk) – du skal vb-e det (bydemåde)
(n) +rput – vores N
(n) +rsi – jeres N
(n) +rtik – deres egen N
(v) +sa / ta – lad os vb-e (bydemåde)
(n) ±sut / tut – ligesom N
(n) -t (±it) – flere N; din N
(v) -t – du (efter modusmærke)
(v) +ta / sa – lad os vb-e (bydemåde)
(n) ±tut / sut – ligesom N
(v) +uk (og giuk, kiuk, riuk) – du skal vb-e (bydemåde)
(v) +vaq (paq) – indikativ (modusmærke, kun sammen med dobbelt personendelse)
(v) +va? (pa) – vb-er han? (spørgemåde)
(v) +vaa (paa) – han vb-er hende (indikativ)
(v) +vaanga (paanga) – han vb-er mig (indikativ)
(v) +vaannga (paannga) – de vb-er mig (indikativ)
(v) +vaat (paat) – de vb-er ham/det/dem (indikativ)
(v) +vaatit (paatit) – han vb-er dig (indikativ)
(v) +vakka (pakka) – jeg vb-er dem (indikativ)
(v) +vakkit (pakkit) – jeg vb-er dig (indikativ)
(v) +vara (para) – jeg vb-er ham/det (indikativ)
(v) +varput (parput) – vi vb-er ham/det (indikativ)
(v) +vatit (patit) – du vb-er dem (indikativ)
(v) +vi- (pi)– spørgemåde (modusmærke, kun sammen med personendelse)
(v) +vinga? (pinga) – vb-er du mig? (spørgemåde)
(v) +visi? (pisi) – vb-er I? (spørgemåde)
(v) +visinga? (pisinga) – vb-er I mig? (spørgemåde)
(v) +viuk? (piuk) – vb-er du ham/hende/den? (spørgemåde)
(v) +vit? (pit) – vb-er du? (spørgemåde)

(v) +voq (poq) – han vb-er (indikativ); også modusmærke før personendelse
(v) +vugut (pugut) – vi vb-er (indikativ)
(v) +vunga (punga) – jeg vb-er (indikativ)

Dine første efterhæng

+AASIIT – som sædvanlig
+GOOQ – der siges / det rygtes
+LI – men / siden
+LU – og / også
+LUUNNIIT – eller / endda
+MI – men / hvad med …
+NGOOQ (gooq, rooq) – det siges at …
+TOQ – gid!
+UKU – det er dem som …
+UNA – det er ham/hende/den som …

Mikroordbog – dansk-grønlandsk

I denne liste er kun de gloser, du behøver for at løse de dansk-grønlandske oversættelsesopgaver i bogen.

afsted: tage afsted – aallarpoq (v)

april – apriili (n)

ankomme – tikippoq, apuuppoq (v)

arbejde – sulivoq (v)

august – aggusti, augusti (n)

bage – -LIOR- (n-v)

barn – meeraq (n)

beboer – +MIOQ (n-n)

begynde – -LER- (v-v)

blive til N – -NNGOR- (n-v)

dag – ulloq (n)
    i dag – ullumi (adv.)

eftermiddag – ualeq (n)
    i eftermiddag – ualeru (adv.)

familie – -KKUT (n-n); ilaqutariit (n)

fem – tallimat (n)
    kl. fem – tallimanut (adv.)

feste – festerpoq (v)

fjeld – qaqqaq (n)

flyvemaskine – timmisartoq (n)

forældre – angajoqqaat (n, flertal)

født – inunngorpoq (v)

havn – umiarsualivik, umiatsialivik (n)

hvor – sumi (pron.)
    hvorhen – sumut (pron.)
    hvornår – qanga (fortid), qaqugu (fremtid) (adv.)

i går – ippassaq (adv.)

kage – kaagi (n)

kirke – oqaluffik (n)

lave – -LIOR- (n-v)

lufthavn – mittarfik (n)

lyst: have lyst til – -RUSUP-, +GUSUP- (v-v)

lørdag – arfininngorneq (n)

låse det – parnaarpaa (v)
    være låst – parnaarsimavoq (v)

mandag: i mandags – ataasinngormat (v)

menneske – inuk (n)

morgen – ullaaq (n)
    i morgen – aqagu (adv.)

pige – niviarsiaraq (n)

planlægge – pilersaaruteqarpoq (v), +NIAR- (v-v)

se – takuaa (v)
    vi ses – takuss', takussaagut

skulle – -SSA- (v-v)
    skal til at – -LER- (v-v)

slutte – naavoq (v)
    i slutningen – naalermat

snart: skal snart – -LER- (v-v)

stadig – suli (adv.)

stå op – makippoq (v)

svømmehal – naluttarfik (n)

syg – napparsimavoq (v)

sød – inequnartoq (n)

søndag: på søndag – sapaatiuppat (v)

tage afsted – aallarpoq (v)

tage til – ±MUKAR- (n-v), -LIAR- (n-v)

teater – isiginnaartitsivik (n)

tidlig – -JAAR- (v-v)

tirsdag: i tirsdags – marlunngormat (v)

to – marluk (n)

ville – +NIAR- (v-v)

voksen – inersimasoq (n)

være blevet – +SIMA- (v-v)

være i, være på – ±MIIP- (n-v)

Lydreglerne

For at sætte orddelene rigtigt sammen, skal du lære nogle lydregler. Her er de vigtigste og allervigtigste konsonantregler. Nederst er de vigtigste vokalregler. Læs mere i Flemming A. J. Nielsen, *Vestgrønlandsk grammatik*, § 3.3.

<table>
<tr><td>

1. --reglen
- fjerner konsonanten til venstre

q-q → q
k-q → q
a-q → aq

ateq -QAR- +poq → ateqarpoq
inuk -QAR- +poq → inoqarpoq
ila -QAR- +poq → ilaqarpoq

</td><td>

2. +-reglen
+ fjerner ikke noget

u+g → ug
r+t → rt
u+m → um

illu +ga → illuga
atuar- +TOQ → atuartoq
illu +mi → illumi

</td><td>

2a. +-reglen
+ fjerner ikke noget.
To konsonanter bliver ens

p+t → tt
t+l → ll
k+m → mm

sinip- +TOQ → sinittoq
illit +LU → illillu
Nuuk +mi → Nuummi

</td></tr>
<tr><td>

2b. +-reglen
+ fjerner ikke noget.
To konsonanter bliver ens.
Dog ikke hvis den første er r/q

r+t → rt
q+m → rm

atuar- +TOQ → atuartoq
erneq +mut → ernermut

</td><td>

2c. +-reglen
+ fjerner ikke noget, men kan skabe nye former og lyde

p+v → ff eller pp
p+g → kk

sinip- +VIK → siniffik
atuar- +voq → atuarpoq
sinip +gama → sinikkama

</td><td>

2d. +-reglen
+ fjerner ikke noget.
Dog smelter nogle konsonater sammen

k+g → g
r+g → r

panik +ga → paniga
atuar +gama → atuarama

</td></tr>
<tr><td>

2e. +-reglen
+ fjerner ikke noget.
Dog kan q svækkes ved bøjning

q → r

erneq +a → ernera
arfeq +it → arferit

</td><td>

2f. ()-reglen
parentes viser at en konsonant nogle gange kommer frem.
Især ved vokalstammer

a (r)s → ars
k (r)s → ss

ila +(R)SUAQ → ilarsuaq
Nuuk +(R)SUAQ → Nuussuaq

</td><td>

3. fordoblings-reglen
nogle konsonanter kan fordobles

leq -t→ llit
gaq -p → kkap
raq -nut → qqanut

kalaaleq -t → kalaallit
atuagaq -p → atuakkap
meeraq -nut → meeqqanut

</td></tr>
<tr><td>

Åbningsreglen
De tre vokaler bliver åbne før q eller r

a [a] → aq [ɑq]
i [i] → eq [ɜq]
u [u] → oq [ɔq]

illu +(R)SUAQ → illorsuaq

</td><td>

a-reglen
a smitter vokaler til højre

a+u → aa
a+i → aa

qajaq -USAQ → qajaasaq
qajaq -INNAQ → qajaannaq

</td><td>

Ə-reglen (shwa)
Snydevokalen

Før vokal: ə → a (ə+V → aa)
Før konsonant: ə → i (eller a)
Til sidst i ord: ə → - (eller i)

angutə -UTƏ +ga →
angutaatiga

</td></tr>
</table>

Skemaer: Verber – kig først på de blå endelser

Her er lidt hjælp til endelserne. Det første skema, især de blå endelser, kan du med fordel lære udenad allerede fra starten. Print skemaet ud og hæng det op på kontoret.

	konstatering efter vokal	konstatering efter konsonant	konstatering efter -NNGIT-	spørgsmål efter vokal	spørgsmål efter konsonant
jeg	…vunga	…punga	…-langa		
du	…vutit	…putit	…-latit	…vit?	…pit?
han/hun/den	…voq	…poq	…-laq	…va?	…pa?
vi	…vugut	…pugut	…-lagut		
I	…vusi	…pusi	…-lasi	…visi?	…pisi?
de	…pput	…put	…-llat	…ppat?	…pat?

I næste skema ser du lidt flere endelser. Husk selv at bruge lydreglerne, så v bliver til p, når det støder sammen med en konsonant. g smelter sammen med en konsonant. t bliver til s efter vokal:

anivoq, *han gik ud*
iserpoq, *han gik ind*
anigit! *gå ud (du)!*
iserit! *gå ind (du)!*
anisa! *lad os gå ud!*
iserta! *lad os gå ind!*

	konstatering (husk at v kan blive p)	konstatering efter -SSA-	konstatering efter -NNGIT-	spørgsmål (husk at v kan blive p)	bydemåde	ledsagemåde
jeg	…vunga	…anga	…-langa			…llunga
du	…vutit	…atit	…-latit	…vit?	…git! / …gina!	…llutit
han/hun/den	…voq	…aq	…-laq	…va?		…lluni
vi	…vugut	…agut	…-lagut		…ta!	…lluta
I	…vusi	…asi	…-lasi	…visi?	…gitsi! / …gisi!	…llusi
de	…pput	…pput	…-llat	…ppat?		…llutik

Tredje person flertal (de) er næsten altid lidt uregelmæssig.

På de næste sider vil du se de samme endelser og mange flere. Du kan vente med at lære de fleste.

Indikativ (ligefremhed)

Indikativ er den fremsættende, konstaterende, neutrale, kontekstetablerende modus:
anivoq, *han gik ud*
akivaa, *han svarede hende*

Husk, at det hedder voq/vaa efter en vokal og poq/paa efter en konsonant.

INDIKATIV / FREMSÆTTEMÅDE / LIGEFREMHED / KONSTATERING							
Enkelt-kongruerende	objekt subjekt	*mig*	*dig*	*ham hende*	*os*	*jer*	*dem*
…vunga	*jeg*		…vakkit	…vara		…vassi	…vakka
…vutit	*du*	…varma		…vat	…vatsigut		…vatit
…voq	*han/hun*	…vaanga	…vaatit	**…vaa**	…vaatigut	…vaasi	…vai
…vugut	*vi*		…vatsigit	…varput		…vassi	…vavut …vagut
…vusi	*I*	…vassinga		…varsi	…vatsigut		…vasi
…pput	*de*	…vaannga	…vaatsit	…vaat	…vaatigut	…vaasi	…vaat

Benægtet indikativ dannes med et særligt modusmærke -la-, der kun bruges efter det benægtende tilhæng -NNGIT-.
aninngilaq, *han gik ikke ud*
akinngilaa, *hun svarede ham ikke*

INDIKATIV / FREMSÆTTEMÅDE / LIGEFREMHED / KONSTATERING *benægtet*							
Enkelt-kongruerende	objekt subjekt	*mig*	*dig*	*ham hende*	*os*	*jer*	*dem*
…nngilanga	*jeg*		…nngilakkit	…nngilara		…nngilassi	…nngilakka
…nngilatit	*du*	…nngilarma		…nngilat	…nngilatsigut		…nngilatit
…nngilaq	*han/hun*	…nngilaanga	…nngilaatit	**…nngilaa**	…nngilaatigut	…nngilaasi	…nngilai
…nngilagut	*vi*		…nngilatsigit	…nngilarput		…nngilassi	…nngilavut …nngilagut
…nngilasi	*I*	…nngilassinga		…nngilarsi	…nngilatsigut		…nngilasi
…nngillat	*de*	…nngilaannga	…nngilaatsit	…nngilaat	…nngilaatigut	…nngilaasi	…nngilaat

Interrogativ (spørgemåde)

Interrogativ bruges i spørgsmål:
aniva, *gik hun ud?*
akiviuk, *svarede du ham?*

INTERROGATIV / SPØRGEMÅDE					
Enkelt-kongruerende	objekt subjekt	*mig*	*ham hende*	*os*	*dem*
…vit	*du*	…vinga	…viuk	…visigut	…vigit
…va	*han/hun*				
…visi	*I*	…visinga	…visiuk	…visigut	…visigit
…ppat	*de*				

Ligesom indikativ har også interrogativ særlige modusmærker, -la- og -li-, der kun bruges efter det benægtende tilhæng -NNGIT-.
aninngila, *gik han ikke ud?*
akinngiliuk, *svarede du hende ikke?*

INTERROGATIV / SPØRGEMÅDE *benægtet*					
Enkelt-kongruerende	objekt subjekt	*mig*	*ham hende*	*os*	*dem*
…nngilatit	*du*	…nngilinga	…nngiliuk	…nngilisigut	…nngiligit
…nngila	*han/hun*				
…nngilasi	*I*	…nngilisinga	…nngilisiuk	…nngilisigut	…nngilisigit
…nngillat	*de*				

Imperativ (bydemåde)

Imperativ bruges ved befalinger og opfordringer:
anigit, *gå ud!*
akiuk, *svar ham!*

IMPERATIV / BYDEMÅDE					
Enkelt-	objekt	*mig*	*ham*	*os*	*dem*
kongruerende	subjekt		*hende*		
…git	*du*	…nnga	…uk	…tigut	…kkit
…sa	*vi*		…tigu		…tigit
…gitsi	*I*	…singa	…siuk	…tigut	…sigit

Man kan ikke benægte imperativ; i stedet bruges benægtet ledsagemåde.

Optativ (ønskemåde)

Optativ udtrykker spørgsmål (*må jeg?*) og krav (*lad mig!*):
anili, *lad ham komme ud*
akiliuk, *lad ham svare hende*

OPTATIV / ØNSKEMÅDE							
Enkelt-	objekt	*mig*	*dig*	*ham*	*os*	*jer*	*dem*
kongruerende	subjekt			*hende*			
…langa	*jeg*		…lakkit	…lara		…lassi	…lakka
…li	*han/hun*	…linga	…lisit	…liuk	…lisigut	…lisi	…ligit
	vi		…latsigit	…larput		…lassi	…lavut
…lit	*de*	…linnga	…litsit	…lissuk	…lisigut	…lisi	…lisigit

Benægtet optativ bruges ikke meget. Formen dannes med et ekstra tilhæng, +GI-, som føjes til det sædvanlige, nægtende tilhæng -NNGIT-: aninngikkili, *lad ham ikke komme ud.*

Konjunktiv (kausativ, da-/fordi-måde)

Konjunktiv markerer, at man udtrykker noget i en bestemt sammenhæng, ofte noget fortidigt eller en årsag (*da, dengang, fordi*) i forhold til et overordnet verbum:

anigama, *da jeg gik ud*

akigakku, *da jeg svarede ham*

Konjunktiv kan også bruges i subjekts- og objektssætninger: naluat anigama, *du ved ikke at jeg gik ud* (objektssætning).

k: koreferentielt personmærke

KONJUNKTIV / KAUSATIV / DA-FORDI-MÅDE									
Enkelt-kongruerende	objekt subjekt	*mig*	*dig*	*ham hende*	*ham^k hende^k*	*os*	*jer*	*dem*	*dem^k*
…gama	*jeg*		…gakkit	…gakku	…ganni		…gassi	…gakkit	…gatsik
…gavit	*du*	…gamma		…gakku	…ganni	…gatsigut		…gakkit	…gatsik
…mmat	*han/hun*	…mmanga	…mmatit	…mmagu	…mm…	…mmatigut	…mmasi	…mmagit	…mmatik
…gami	*han/hun^k*	…gaminga	…gamisit/ …gamitit	…gamiuk		…gamisigut	…gamisi	…gamigit	
…gatta	*vi*		…gatsigit	…gatsigu	…gatsinni		…gassi	…gatsigit	…gatsik
…gassi	*I*	…gassinga		…gassiuk	…gassinni	…gatsigut		…gassigit	…gatsik
…mmata	*de*	…mmannga	…mmatsit	…mmassuk	…mmanni	…mmatigut	…mmasi	…mmatigit	…mmatik
…gamik	*de^k*	…gaminnga	…gamitsit	…gamikku		…gamisigut	…gamisi	…gamikkit	

Benægtet konjunktiv dannes med det sædvanlige nægtende tilhæng -NNGIT-, men når dette tilhæng og modusmærket +ga- kombineres, dukker resterne af en gammel lydregel op, som gør, at tg bliver til nn:

aninginnama, *da jeg ikke gik ud*

akinnginnamma, *da du ikke svarede mig*

I 3. person er der ingen uregelmæssigheder: aninngimmat, *da han ikke gik ud*

Iterativ konjunktiv er en variant af konjunktiv, hvor modusmærket er forlænget til +gaanga- (ikke 3. person). I 3. person er modusmærket +gaang-. Eksempler:

anigaangama, *hver gang jeg gik ud.*

anigaangat, *hver gang han gik ud.*

Efter iterativ konjunktiv følger normalt et overordnet verbum med tilhænget +TAR- (regelmæssig gentagelse).

Konditionalis (når-/hvis-måde)

Konditionalis er en underordnet verbalmåde der retter sig mod fremtiden (*når*) eller angiver en betingelse (*hvis*). Efter konditionalis følger normalt et overordnet verbum med fremtidstilhæng.

Konditionalis har samme personendelser som konjunktiv, bortset fra 4. person, hvor m i personmærket erstattes med n:
anippat, *hvis han går ud, når han går ud*
anigumma, *hvis du svarer mig, når du svarer mig*
anigunik, *hvis de* (4. pers.) *går ud, når de* (4. pers.) *går ud*

k: koreferentielt personmærke

KONDITIONALIS / NÅR-HVIS-MÅDE									
Enkelt-kongruerende	objekt subjekt	*mig*	*dig*	*ham* hende	*ham*[k] hende[k]	*os*	*jer*	*dem*	*dem*[k]
…guma	*jeg*		…gukkit	…gukku	…gunni		…gussi	…gukkit	…gutsik
…guit	*du*	…gumma		…gukku	…gunni	…gutsigut		…gukkit	…gutsik
…ppat	*han/hun*	…ppanga	…ppatit	…ppagu	…ppani	…ppatigut	…ppasi	…ppagit	…ppatik
…guni	*han/hun*[k]	…guninga	…gunisit/ …gunitit	…guniuk		…gunisigut	…gunisi	…gunigit	
…gutta	*vi*		…gutsigit	…gutsigu	…gutsinni		…gussi	…gutsigit	…gutsik
…gussi	*I*	…gussinga		…gussiuk	…gussinni	…gutsigut		…gussigit	…gutsik
…ppata	*de*	…ppannga	…ppatsit	…ppassuk	…ppanni	…ppatigut	…ppasi	…ppatigit	…ppatik
…gunik	*de*[k]	…guninnga	…gunitsit	…gunikku		…gunisigut	…gunisi	…gunikkit	

Benægtet konditionalis dannes med det sædvanlige benægtende tilhæng uden uregelmæssigheder:
aninngikkuma, *hvis jeg ikke går ud*; akinngikkumma, *hvis du ikke svarer mig*.

Participialmåde (at-måde)

Participialmåde har tre hovedfunktioner:

1) Ledsagende omstændighed i forhold til et overordnet verbum; participialmåden og det overordnede verbum har da som hovedregel forskellige subjekter: suli sinittugut pujortuleeraq aallarsimavoq, *båden sejlede ud mens vi stadig sov*

2) Subjekts- og objektssætninger; også her har particpialmåden og det overordnede verbum forskellige subjekter: *nalunngilat uanga qallunaajusunga*, du ved at jeg er dansker

3) Karakteristik af et overordnet subjekt eller objekt: aalisartuusugut ajornakusooruteqarpugut, *vi som er fiskere, har problemer*

Participialmåde har næsten samme personendelser som indikativ:
anisunga, *at jeg gik ud*
akigimma, *at du svarede mig*

k: koreferentielt personmærke

PARTICIPIALMÅDE / AT-MÅDE									
Enkelt-kongruerende	objekt subjekt	*mig*	*dig*	*ham* *hende*	*ham*[k] *hende*[k]	*os*	*jer*	*dem*	*dem*[k]
…sunga	*jeg*		…gikkit	…giga	…ginni		…gissi	…gikka	…gitsik
…sutit	*du*	…gimma		…git	…ginni	…gitsigut		…gitit	…gitsik
…soq	*han/hun*	…gaanga	…gaatit	…gaa	…ga…	…gaatigut	…gaasi	…gai	…gaatik
…sugut	*vi*		…gitsigit	…gipput	…gitsinni		…gissi	…givut	…gitsik
…susi	*I*	…gissinga		…gissi	…gissinni	…gitsigut		…gisi	…gitsik
…sut	*de*	…gaannga	…gaatsit	…gaat	…gaanni	…gaatigut	…gaasi	…gaat	…gaatik

I benægtet participialmåde bruges det sædvanlige benægtende tilhæng -NNGIT-.

I de enkeltkongruerende former affrikeres udtalen af modusmærket +TU- på grund af i'et i tilhænget. Derfor bliver -NNGIT- +TU- til -NNGITSU-: aninngitsunga, *at jeg ikke gik ud.*

I de dobbeltkongruerende former er der ingen uregelmæssigheder: akinngikkaa, *at hun ikke svarede ham.*

Konkomitativ (kontemporativ, ledsagemåde)

Konkomitativ bruges rigtig meget og har altid samme subjekt som det overordnede verbum. Hvis verbet er dobbeltkongruerende (transitivt), markeres subjektet ikke i personendelsen.

I konkomitativ bruges det normale benægtende tilhæng -NNGIT- ikke sidst i ordet. I stedet bruges et særligt modusmærke, +NA-.

Konkomitativ kan bruges på samme måde som imperativ (og i en lang række andre funktioner). I stedet for negativ imperativ, som ikke findes, bruges altid negativ konkomitativ.

k: koreferentielt personmærke

KONKOMITATIV / KONTEMPORATIV / LEDSAGEMÅDE							
	jeg/ *mig*	*du/* *dig*	*ham/* *hende*	*han^k/hun^k/* *ham^k/hende^k*	*vi/* *os*	*I/* *jer*	*dem*	*de^k/* *dem^k*
Konkomitativ	…llunga	…llutit	…llugu	…lluni	…lluta	…llusi	…llugit	…llutik
Negativ konkomitativ	…nanga	…nak …natit	…nagu	…nani	…nata	…nasi	…nagit	…natik

Skemaer: Nominer – kig mest på de blå endelser

Ental og flertal

ENTAL OG FLERTAL		
	Ental	*Flertal*
Absolutiv	ingen endelse	-t -it it
Relativ	-p -up up	-t -it it

Nominer er svage (p-bøjede) eller stærke (up-bøjede). Svage nominer ender på -p i relativ kasus ental. Flertalsendelsen er -t. De tilsvarende endelser ved stærke nominer er ±up og ±it.

Hvis nominet ikke har personendelse (dvs. hvis det ikke er ejet), er det kun i ental, at man kan se forskel mellem absolutiv og relativ kasus.

Flest nominer er svage: Vokalstammer, tə-stammer og de fleste q-stammer.
Vokalstamme: isi, *øje*; isip, isit
tə-stamme: angut, *mand*; angutip, angutit
q-stamme: arnaq, *kvinde*; arnap, arnat

Stærke nominer er k-stammer og nogle q-stammer, bl.a. nominer der ender på neq og lleq/rleq.
k-stamme: *inuk*, menneske; *inuup, inuit*
k-stamme: *panik*, datter; *paniup, paniit*
lleq/rleq-stamme: qulleq, *lampe*; qulliup, qulliit; nukarleq, *den yngste*; nukarliup, nukarliit
neq-stamme: erneq, *søn*; ernerup, ernerit

Absolutiv og relativ er såkaldt syntaktiske kasus. Nominer i disse kasus kan kongruere (passe sammen) med verbets personendelse.

Relativ kasus har to funktioner:

1) Subjekt for dobbeltkongruerende transitivt verbum: angutip tuttu takuaa, *manden så rensdyret*.
2) Possessor (ejer): angutip qimmia, *mandens hund*. Et sådant possessorforhold udtrykkes med personendelse på det ejede.

Oblikke kasus

Nominer i oblik kasus kongruerer aldrig med verbets personendelse. Der findes 6 oblikke kasus.

Kasusendelserne er som hovedregel trunkative ved svage nominer og additive ved stærke nominer.

OBLIKKE KASUS		
	Ental uden personendelse	*I øvrigt*
Modalis: måde	±mik	±nik
Terminalis: til	±mut	±nut
Ablativ: fra	±mit ±miit, ±miik ±minngaanniit	±nit ±niit, ±niik ±ninngaanniit ±(ninnga)rnit
Lokativ: hos	±mi	±ni
Vialis: ad	-kkut -kkor-	±tigut 1./2./4. pers. gut 3. p. sg.-sg. -(ti)gut
Ækvalis: som	±tu(u)t	±tu(u)t -rtut/-rsut

Verbaliserede kasusendelser

Der findes verbaliserede varianter af de oblikke kasusendelser. De omdanner et nomen til et verbum.

N: nomen

VERBALISEREDE KASUSENDELSER	
	Verbaliserende tilhæng
Modalis: gøre på N måde	±miir-/±niir-
Terminalis: bevæge sig til N	±muur-, ±mukar-, ±munnar- ±nuur-, ±nukar-
Ablativ: bevæge sig fra N	±miir-, ±minngaanniir- ±niir-, ±ninngaanniir-
Lokativ: være hos N	±miit-/±niit-
Vialis: bevæge sig ad/via N	-kkuur-/±(ti)guur-
Ækvalis: gøre som N	±tuur-

Nominale personendelser

Possessor ↓	Absolutiv — Ejet nomen sg.	Absolutiv — Ejet nomen pl.	Relativ	Før oblik kasusendelse
Sg. 1	ga	-kka	sing. ±ma plur. -ma	-m-
2	svage stammer -t stærke stammer -it meget stærke stammer it	-tit	sing., svag -rpit/-vit sing., stærk vit plur. -vit	normalt -k- ofte -q-
3	normalt -a meget stærke stammer a	normalt -i meget stærke st. i	sing. ±ata plur. ±isa	sing. ±a- plur. ±i-
4	normalt -ni undtagelsesvist i	-ni	sing. (-i) ±mi plur. -mi	sing. ±mi- plur. -mi-
Pl. 1	svage stammer rput stærke stammer vut	oprindeligt -vut ofte -gut	-tta	før n -tsin- i øvrigt -ttə-
2	normalt rsi stærke stammer, også si	-si	-ssi	før n -ssin- i øvrigt -ssi-
3	normalt -at meget stærke stammer at	-it efter i/u/eq -i meget stærke st. i efter aa -vit	sing. ±ata plur. ±isa	normalt ±at- plur. – efter i/u/eq -i- – meget st. st. i-
4	svage stammer rtik stærke stammer tik	-tik	sing. ±mik plur. -mik	sing. ±mik- plur. -mik-

Endelser markeret ± er som regel additive efter stærke stammer. Hvis det ejede er flertal, er en personendelse som hovedregel trunkativ: panik, *datter*; panipput, *vores datter* (ental); panivut, *vores døtre* (flertal).

Personendelser forekommer i absolutiv og relativ kasus samt i ental og flertal. De markerer et ejendomsforhold: qimmerput, *vores hund*; qimmitta qitsuk takuaa, *vores hund fik øje på katten*. Ejeren kan specificeres i relativ kasus: Piitap qimmia, *Peters hund*.

En oblik kasusendelse kan føjes til noget ejet og står da sidst i ordet. Før den oblikke kasusendelse bruges da en særlig form af personendelsen: qitsuk qimmitsinniit takuneqarpoq, *katten blev opdaget af vores hund*.

Kvantitative pronominer: tamaq, kisi-

KVANTITATIVE PRONOMINER		
	tamaq, *al, hel*	kisi-, *alene*
Sg. 1	tamarma	kisima
2	tamarpit	kisivit
3 s.-p.	tamarmi	kisimi
3 o.-a.	tamaat	kisiat
Pl. 1	tamatta	kisitta
2	tamassi	kisissi
3 s.-p.	tamarmik	kisimik
3 o.-a.	tamaasa	kisiisa

Kvantitative pronominer (stedord) betegner helheder eller eksklusivitet. De to vigtigste af disse pronominer er tamaq, *helhed*, og kisi-, *alenehed*. De bruges næsten kun med personendelse. De fleste af disse personendelser står i relativ kasus uanset pronominets funktion.

Tamarmi/tamarmik og kisimi/kisimik bruges som subjekt og possessor: tamarmi qaqorpoq, *den er helt hvid*; inuit tamarmik inuunerat, *alle menneskers liv*. Denne form kan derfor kaldes subjekt-possessorform (s.-p.).

Tamaat/tamaasa og kisiat/kisiisa bruges, når disse ord er objekt eller indgår i adverbielle udtryk: una kisiat pissavara, *jeg skal kun have den*; ukioq tamaat, *hele året rundt*; ullut tamaasa, *hver dag*. Denne form kan kaldes objekt-adverbialform (o.-a.).

Tamarmik/tamaasa står normalt ikke alene, men et forudgående nomen kan repræsenteres af suut eller kikkut; betydningen bliver da henholdsvis *alting* eller *enhver*: suut tamarmik, *alt muligt*; suut tamaasa isumagai, *han tænker på alt*; kikkut tamarmik, *alle og enhver*.

Personlige pronominer: uanga, uagut, illit, ilissi

Der findes personlige pronominer for 1. og 2. person (*jeg/vi* og *du/I*). De har altid personendelse. Relativ kasus bruges ikke i 1. og 2. person.

Det demonstrative pronomen una kan fungere som personligt pronomen i 3. person (*den/det/han/hun*).

De personlige pronominer i absolutiv kasus bruges til at fremhæve den person, som i øvrigt fremgår af en personendelse: uanga oqaluppunga, *det er mig der taler*.

De kan desuden danne neksus hvis de indgår i et possessionssyntagme: ilissi persi, *(det er) jeres ting*; uanga qimmera, *(det er) min hund*.

PERSONLIGE PRONOMINER				
Kasus	*1. person: jeg, vi*		*2. person: du, I*	
	Ental	*Flertal*	*Ental*	*Flertal*
Absolutiv	uanga	uagut	illit	ilissi
Modalis	uannik	ua(gu)tsinnik	ilinnik	ilissinnik
Terminalis	uannut	ua(gu)tsinnut	ilinnut	ilissinnut
Ablativ	uanni(i)t	ua(gu)tsinni(i)t	ilinni(i)t	ilissinni(i)t
Lokativ	uanni	ua(gu)tsinni	ilinni	ilissinni
Vialis	uakkut	ua(gu)tsigut	ilikkut	ilissigut
Ækvalis	uattut	ua(gu)tsitut	ilittut	ilissisut

Former som uatsinnik regnes af nogle som de mest korrekte, men de lange former er helt almindelige.

Refleksive og reciprokke pronominer: nammineq, immineq

Nammineq, selv, egen, refererer til subjekt eller possessor: nammineq nerivoq, *han spiste selv*; nammineq qimmera, *min egen hund.*

Immi-, *sig selv, hinanden,* har traditionelt kun været brugt i oblikke kasus: Imminut aqunneq, *selvledelse.* Immineq – dannet i analogi med nammineq og brugt på samme måde – har dog længe været en almindelig form.

Imminut bruges ofte til at fremhæve refleksiv betydning af en ergativ-refleksiv verbalstamme: paaraa, *han passer på hende*; (imminut) paarivoq, *han passer på sig selv.*

REFLEKSIVE OG RECIPROKKE PRONOMINER		
Kasus	*Ental (refleksivt)*	*Flertal (reciprokt eller refleksivt)*
Modalis	imminik, *selv, af sig selv*	imminnik, *hinanden, sig selv*
Terminalis	imminut, *(til) sig selv*	imminnut, *til hinanden/sig selv*
Ablativ	imminit, *fra sig selv*	imminnit, *fra hinanden/sig selv*
Lokativ	immini, *hos sig selv, hjemme*	imminni, *hos hinanden/sig selv*
Vialis	immikkut, *for sig selv/særskilt*	immikkut, *hver for sig, for sig selv*
Ækvalis	immisut, *som sig selv*	immissut, *som hinanden/sig selv*

Spørgepronominer

Suna (suup, suut), *hvad, hvilket*, er et upersonligt spørgepronomen. Det kan stå sammen med et nomen: ulloq suna, *hvilken dag*.

Sumik kan betyde *helt, overhovedet* og *noget*: sumik nerinngilanga, *jeg har ikke spist noget.*

Kina (kia(p), kikkut), *hvem*, er et personligt spørgepronomen. De oblikke kasusendelser føjes til hhv. roden ki- (ental) og flertalsformen kikku(t)-. Ved derivation bruges også hver sin stamme i ental og flertal: kinaava? *Hvem er det?* Kikkuuppat? *Hvem er de?*

De oblikke kasusendelser bruges i spørgsmål af typen *hvortil* (sumut), *hvorfra* (sumit), *hvor* (sumi), *hvorigennem* (sukkut) og *som hvad* (sutut).

Sorleq (sorliup, sorliit) betyder *Hvilken/hvilke af dem?* Verbal derivation er almindelig: sorliua? *Hvilken af dem er det?*

*Qasseq bruges kun i flertal: qassit? *Hvor mange?* Også her er verbal derivation almindelig: Qassiuppat? *Hvor mange er de?*

	hvad		hvem	
	Ental	*Flertal*	*Ental*	*Flertal*
Absolutiv	suna	suut	kina	kikkut
Relativ	suup	suut	kia(p)	kikkut
Modalis	sumik	sunik	kimik	kikkunnik
Terminalis	sumut	sunut	kimut	kikkunnut
Ablativ	sumit	sunit	kimit	kikkunnit
Lokativ	sumi	suni	kimi	kikkunni
Vialis	sukkut	sutigut	kikkut	kikkutigut
Ækvalis	sutut	sutut	kinatut	kikkutut

Table title: **SPØRGEPRONOMINER**

Demonstrative pronominer (pegeord)

Pegeord udgør en lille ordklasse for sig, som kan forsynes med præfiks.

DEMONSTRATIVE PRONOMINER					
		Kataforisk		Anaforisk	
	Rod	Entum	Flertal	Entum	Flertal
Han, hun, den, det Relativ	uv-	una uuma	uku ukua	taanna taassuma	taakku taakkua
Denne, dette (hos mig) Relativ	mat-	manna matuma massuma	makku makkua	tamanna tamatuma tamassuma	tamakku tamakkua
Han/den der(henne) Relativ	ik- ijik-	inn(g)a issuma	ikku ikkua	taann(g)a taajinnga taassuma taajissuma	taakku taajikku taakkua taajikkua
Han/den dernede (mod havet/vest) Relativ	sam-	sanna sassuma	sakku sakkua	tasanna tasassuma	tasakku tasakkua
Han/den dernede (under en selv) Relativ	kat-	kanna kassuma katuma†	kakku kakkua	takanna takassuma takatuma†	takakku takakkua
Han/den deroppe (i landet, mod øst) Relativ	pav-	panna passuma	pakku pakkua	tappanna tappassuma	tappakku tappakkua
Han/den deroppe (over en selv) Relativ	pik-	pinnga pissuma	pikku pikkua	tappinnga tappissuma	tappikku tappikkua
Han/den derinde/derude (på den anden side af en væg); han/den dernede (mod syd) Relativ	qam-/ qav-	qanna qassuma	qakku qakkua	taqqanna taqqassuma	taqqakku taqqakkua
Han/den udenfor/sydpå Relativ	kig-	kinnga kissuma	kikku kikkua	takkinnga takkissuma	takkikku takkikkua
Han/den deroppe (mod nord) Relativ	a(ja)v-	anna assuma	akku akkua	taajanna taajassuma	taajakku taajakkua

Af de samme rødder, som forekommer i de demonstrative pronominer, findes der også demonstrative adverbier og demonstrative interjektioner. De er nærmere omtalt i *Vestgrønlandsk grammatik* §§ 5.2.2 og 5.2.3. Både entals- og flertalsformer af pegeordene kan kombineres med tilhæng: tamakkuuteqartoqartillugu, *når der var nogen der havde disse ting.*

Demonstrativerne har også et sæt kasusendelser, som er lidt anderledes end de nominale kasusendelser: uuma, *hans*; uumunnga, *til ham*; uumannga, *fra ham*; uumani, *hos ham*; uumatut, ligesom ham. De fleste kasusformer i ental forudsætter endelsen Tum-. I så fald assimileres rodens udlydskonsonant og endelsens T til -ss-.

DEMONSTRATIVE KASUSENDELSER		
Kasus	*Ental*	*Flertal*
Absolutiv	na	ku
Relativ	(T)uma	kua
Modalis	(T)uminnga	kuninnga
Terminalis	(T)umunnga	kununnga
Ablativ	(T)umannga	kunannga
Lokativ	(T)umani	kunani
Vialis	(T)umuuna	kunuuna / kunatigut
Ækvalis	(T)umatut	ku(n)atut

Demonstrative pronominer kan stå sammen med nominer: ulluni makkunani, *i disse dage*; una ini, *dette rum*.

Der er to demonstrativpræfikser: det anaforiske (tilbagevisende) præfiks ta(t)- og det deiktiske (henvisende) præfiks aa(j)-.

Med ta(t)- dannes former der refererer til noget allerede omtalt eller kendt. Den hyppigste form af dette præfiks er ta-, men nogle former er dannet med tat-.

aa(j)- virker fokuserende; efter den lange vokal kan indskydes et epentetisk j. Det således dannede demonstrativ kan stå alene og danne sin egen neksus i form af en interjektion: aajuna!/Aana! *Her er hun!* Formen kan også bevare sin funktion som pronomen: aajinnga takusinnaaviuk? *Kan du se hende derhenne?* Et sådant pronomen kan stå sammen med et nomen eller et navn: Aajinnga Maaliaanna aggerpoq! *Der kommer Marianne!*

Løsninger

S. 9, sang

ajunngilaq = det er fint
qallunaaq = dansker
suna = hvad
pikkori = du er dygtig
tuttut tututtut tuttutuuttut = rensdyr spiser rensdyr som rensdyr
-RUJUK = stor, meget
immaqa = måske
ajorpoq = det er dårligt, det dur ikke
asavakkit = jeg elsker dig
asasara = min elskede, kære
sallu = løgn

S. 15, oversættelse af den grønlandske tekst:

Jeg hedder Kristian. Jeg er 45 år. Jeg er født i Danmark. Jeg er opvokset i Narsaq, Paamiut og Tasiilaq. Jeg har uddannet mig i Sisimiut. Jeg bor i Nuuk. Jeg har to døtre. Jeg taler dansk til daglig (og) kan tale lidt grønlandsk. Jeg er chef i Sermersooq kommune.

Jeg hedder Hans Petersen. Jeg er født i Nuuk, (og) jeg er opvokset i Qaqortoq og Narsaq. Jeg gik på gymnasiet i Aasiaat 2001-2004. Jeg uddannede mig som økonom på handelsskolen i Nuuk 2005-2009 .

Nuka blev født i 1979 i Narsarsuaq. I året 1986 flyttede hans mor Arnaq og hans far Kunuk til Uummannaq med Nuka. Nuka voksede op i Uummannaq. Han har studeret på kunstskolen i Nuuk. Han arbejder som kunstner.

Esajas Lynge blev født i Narsaq i 1970. Han har uddannet sig som designer. Han har fire sønner. Og han har en kone. I dag bor han og hans kone i Fåborg.

S. 17, -QAR-

1. Minik sisamanik qimmeqarpoq.	Minik har fire hunde.
2. Malik aamma Ivalu pingasunik meeraqarput.	Malik og Ivalu har tre børn.
3. Atuagaq hunnorujunik qupperneqarpoq.	Bogen har hundrede sider.
4. Nivi inequnartumik qitsuuteqarpoq.	Nivi har en sød kat.
5. Sukkasuumik sikkileqarpunga.	Jeg har en hurtig cykel.
6. Biileqarpit? Naamik, biileqanngilanga.	Har du bil? Nej, jeg har ikke bil.
7. Nunatsinni 56.000-inik inoqarpoq.	Der er 56,000 mennesker i Grønland.
8. Nuummi qassinik nerisarfeqarpa?	Hvor mange spisesteder er der i Nuuk?
9. Asuki. Immaqa tiivinik nerisarfeqarpoq.	Det ved jeg ikke. Måske 20 spisesteder.
10. Assanni qulinik inuaqarpunga.	Jeg har ti fingre på mine hænder.
11. Orpik qorsunnik pilutarpassuaqarpoq.	Træet har mange grønne blade.
12. Danmarkimi najugaqarpunga.	Jeg bor i Danmark.
13. Petersenikkut tungujortumik illoqarput.	Familien Petersen har et blåt hus.
14. Tallimanik ukiulimmik nukaqarpunga.	Jeg har en 5-årig yngre søskende.
15. Paneqarpisi? Naamik, ataatsimik erneqarpugut.	Har I en datter? Nej, vi har en søn.

S. 18, terningeordspil

	Stamme Person	1 sinip-	2 suli-	3 atuar-	4 ani-	5 ateqar-	6 tikip-
1	jeg (uanga)	sinippunga	sulivunga	atuarpunga	anivunga	ateqarpunga	tikippunga
2	du (illit)	sinipputit	sulivutit	atuarputit	anivutit	ateqarputit	tikipputit
3	han … (una)	sinippoq	sulivoq	atuarpoq	anivoq	ateqarpoq	tikippoq
4	vi (uagut)	sinippugut	sulivugut	atuarpugut	anivugut	ateqarpugut	tikippugut
5	I (ilissi)	sinippusi	sulivusi	atuarpusi	anivusi	ateqarpusi	tikippusi
6	de (uku)	sinipput	sulipput	atuarput	anipput	ateqarput	tikipput

S. 20, ajunngi'

Aluu! = Hej!

Aluu, ajunngilatit? = Hej, har du det godt?

Aap, ajunngilanga. Illit qanoq ippit? = Ja, jeg har det fint. Hvordan har du det?

Eqqissisimaarpunga! = Jeg hygger mig.

Torrak! Takuss! = Fedt! Vi ses!

Ajunngilatit? = Har du det godt?
Ajunngilanga. Koncertimut qilanaarpunga. = Jeg har det fint. Jeg glæder mig til koncerten.
Pissangavunga. = Jeg er spændt.
Takuliiv! = Vi ses om lidt!

Ajunng'? = Hva' så?
Ajunng'! Ill'? = Det går fint! Dig?
Ua' aam'. = Oss' mig.
Takuss'! = Ses!
Baaj, takuss'. = Farvel, ses.

S. 23, flertal

Illu, hus, illut	Inuk, menneske, inuit
Sava, får, savat	Panik, datter paniit
Ini, rum, init	Assak, hånd, assaat
Matu, dør, matut	Qitsuk, kat, qitsuit
Bussi, bus, bussit	Atuarfik, skole, atuarfiit

Angut, mand, angutit	Arnaq, kvinde, arnat
Siut, øre, siutit	Erneq, søn, ernerit
Matuersaat, nøgle, matuersaatit	Qulleq, lampe, øverst, qulliit
Aqqut, vej/sti/rute, aqqutit	Atuagaq, bog, atuakkat
Allarut, håndklæde/viskestykke, allarutit	Ilinniartoq, studerende, ilinniartut

S. 24, flertal

Tuttu, rensdyr, tuttut	Amigaat, mangel, amigaatit
Biili, bil, biilit	Alussaat, ske, alussaatit
Isi, øje, isit	Iput, åre, iputit
Puisi, sæl, puisit	Qilaat, tromme, qilaatit

Sialuk, regndråbe, sialuit	Qimmeq, hund, qimmit
Oqaluffik, kirke, oqaluffiit	Suliaq, arbejdsopgave, suliat
Orpik, træ, orpiit	Qaqqaq, fjeld, qaqqat
Qilak, himmel, qilaat	

Ilulleq, skjorte, ilulliit	Arsarneq, nordlys, boldspil, arsarnerit
Qallunaatsiaq, nordbo, qallunaatsiaat	Arfeq, hval, arferit

S. 26, qatanngutikka

Kunngissaq Christian 2005-imi inunngorpoq. Ataatsimik nukaqarpoq aamma marlunnik najaqarpoq. Nukaa Vincentimik ateqarpoq. Vincent aamma Josephine marluliaapput. Vincent ataatsimik angajoqarpoq. Tassa Kunngissaq Christian. Ataatsimik aleqaqarpoq. Taanna Isabellamik ateqarpoq. Aamma arnamik marluliaqarpoq. Tassa Josephine. Katillugit qatanngutigiit sisamaapput.

Kronprins Christian er født i 2005. Han har en lillebror og to lillesøstre. Hans lillebror hedder Vincent. Vincent og Josephine er tvillinger. Vincent har en storebror. Det er Kronprins Christian. Han har en storesøster. Hun hedder Isabella. Og han har en tvillingesøster. Det er Josephine. De er i alt fire søskende.

S. 27, ilaquttakka

	betydning	lav en sætning med -U- (er) eller -QAR- (har)
anaana	mor	Anaanaqarpunga. Anaanaavunga.
ataata	far	Ataataqarpunga. Nils ataataavoq.
ningiu	bedstemor, chef	Anaanaga ningiuuvoq. Ilinniarfik ningioqarpoq.
ittu	bedstefar, chef	Nils ittuuvoq. Naluttarfik ulluinnarni ataatsimik ittoqarpoq.
akka	farbror, onkel	Akkarput akkaqarpoq. Akkaavoq.
angaaq	morbror, onkel	Angaajuvoq (angaaq -U- +vunga) = jeg er onkel
atsa	faster, tante	Atsat qanoq ateqarpa? Atsaga ueqarpoq.
aja	moster, tante	Ajaga Mettemik ateqarpoq. Anaanaavoq.
meeraq	barn	Inimi meeraqarpoq. Meeraavoq.
erneq	søn	Ernera nukappiaraavoq. Aleqaqarpoq.
panik	datter	paneqarpunga (panik -QAR- +voq) = han har en datter
ui	ægtemand	Uiga paneqarpoq. Pania niviarsiaraavoq.
nuliaq	kone	Kunngi nuliaqarpoq. Mary-uvoq.
marluliaq	tvilling	Kunngikkut marluliaqarput. Marluliaapput.

Akkaga Joorummik ateqarpoq. Ajakka Mettemik aamma Lottemik ateqarput. Ajakka anaanaapput. Aniga meeraqarpoq. Ataataavoq. Meerai ataataqarput.

Min farbror hedder Jørn. Mine mostre hedder Mette og Lotte. Mine mostre er mødre. Min storebror har børn. Han er far. Hans børn har en far.

S. 28, -U-

1. Piitaq atuartitsisuuvoq.   Peter er skolelærer.
2. Naja atuartuuvoq pikkorissoq.   Lillesøster er en dygtig elev.
3. Kaali nukappiaraavoq tretteninik ukiulik.   Karl er en 13-årig dreng.
4. Qimmera kajortuuvoq.   Min hund er brun.
5. Hans Egede palasiuvoq Norgemioq.   Hans Egede var en norsk (Norge-bo) præst.
6. Illorput aappaluttuuvoq.   Vores hus er rødt.
7. Uku atuakkat tungujortuupput.   Disse bøger er blå.
8. Sanasuuit? Aap, sanasutut sulisarpunga.   Er du tømrer? Ja, jeg arbejder som tømrer.
9. Kangerlussuaq nunaqarfiuvoq mittarfilik.   Kangerlussuaq er en bygd med en lufthavn.
10. Najannguup qimmii qernertuupput.   Najannguaqs hunde er sorte.
11. Aaja Folketingimut ilaasortaavoq.   Aaja er medlem af folketinget.
12. Biilikka qasertuupput.   Min bil er grå.

13. Sika niviarsiaraavoq inequnartoq.   Sika er en sød pige.
14. Nukaaraq Nuummiuuvoq.   Nukaaraq er fra Nuuk (Nuuk-beboer).
15. Arnajaraq suli meeraavoq.   Arnajaraq er stadig et barn.

S. 30, kinaava?

Angutaava? – Er det en mand?
Naamik, angutaanngilaq. Arnaavoq. – Nej, det er ikke en mand. Det er en kvinde.
Qaqortunik nujaqarpa? – Har hun hvidt hår?
Naamik, qaqortunik nujaqanngilaq. – Nej, hun har ikke hvidt hår.
Takisuunik nujaqarpa? – Har hun langt hår?
Aap, takisuunik nujaqarpoq. – Ja, hun har langt hår.
Tungujortumik tujuuloqarpa? – Har hun en blå bluse på?
Aap, tungujortumik tujuuloqarpoq. – Ja, hun har en blå bluse på.
Skooqarpa? – Har hun sko på?
Naamik, skooqanngilaq. – Nej, hun har ikke sko på.
Atequteqarpa? – Har hun en nederdel på?
Naamik, atequteqanngilaq. – Nej, hun har ikke nederdel på.
Isaruaqarpa? – Har hun briller på?
Aap, isaruaqarpoq. – Ja, hun har briller på.
Liviua? – Er det Liv?
Aap, Liiviuvoq. – Ja, det er Liv.

S. 32, kinaava?

Anders And <u>qeerlutuu</u>juvoq. Matrositut <u>atisa</u>qartarpoq. Kisianni qarleqanngi<u>laq</u>. Andebymi <u>najuga</u>qarpoq. <u>Aappaluttu</u>mik biileqarpoq. <u>Illu</u>mi inu<u>it</u> sisamaapput. Anders pingasu<u>nik</u> <u>soralua</u>qarpoq. Ripimik, Rapimik aamma Rupi<u>mik</u> ateqarput. Anders arnaateqarpoq. Arnaataa Andersine<u>mik</u> ateqarpoq. Aamma aanaqarpoq. Aanaa Bedstemor Andimik <u>ateqarpoq</u>. Aanaa Andebymi najugaqa<u>nngilaq</u>. Naasorissaasoqarfimmi najuga<u>qarpoq</u>.

aappaluttoq = rød	ateq = navn	-nik = endelse, flertal
soraluaq = nevø	qeerlutooq = and	-mik = endelse, ental
najugaq = bopæl	-QAR- = har	-mik = endelse, ental
atisaq = tøj	-NNGIT- = ikke	+voq = endelse, han
illu = hus	-it = flertal	-laq = endelse, han

S. 33, grønlandskort med byer

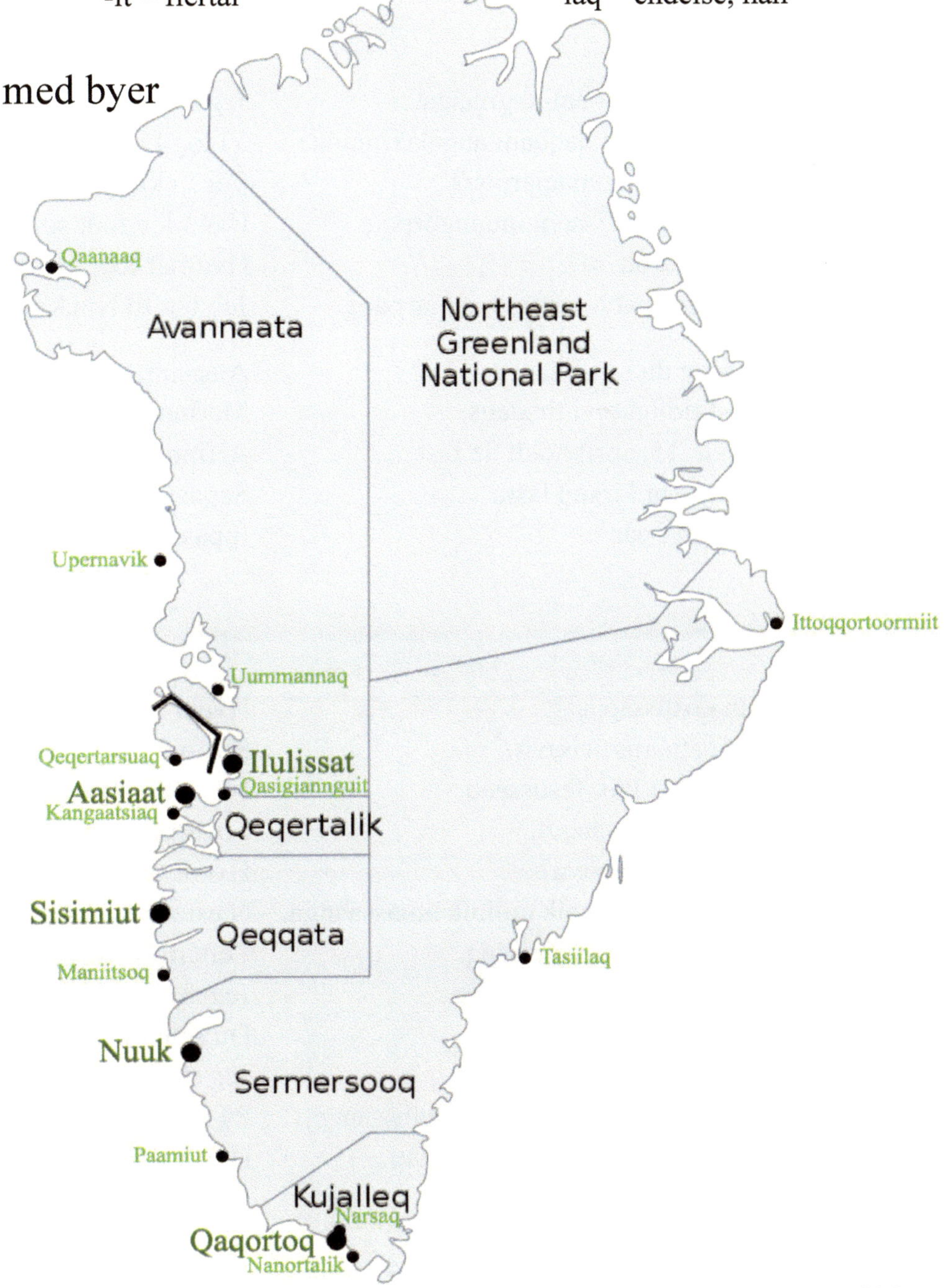

S. 35, +MIOQ og -KKUT

1.	Sumiuuit? Nuummiuuvunga.	Hvor er du fra? Jeg er fra Nuuk.
2.	Ilinniartitsisorput Aasiammiuua?	Er vores lærer fra Aasiaat?
3.	Naamik, tassa Iluliarmioq!	Nej, det er en fra Ilulissat.
4.	Savalimmiormiut arfanniartarput.	Færingerne plejer at tage på hvalfangst.
5.	Orpimmi orpimmiutaqarpoq.	Der er gråsiskener i træet.
6.	Egedekkut Norgemiuupput.	Egede-familien var norsk (Norge-beboere).
7.	Aanakkunnut pulaarpugut.	Vi besøgte bedsteforældrene.
8.	Aluukkut! Ajunngikkut?	Hej allesammen! Alt vel (slang)?
9.	Mikisulukkut Kangaatsiaminngaannerput. Illit sumiuuit?	Mikisuluk og hans familie er fra Kangaatsiaq. Hvor er du fra / hvor hører du hjemme?

S. 37, hvornår

1.	Tallimanngormat sulinngilanga.	Jeg arbejdede ikke i fredags.
2.	Sisamanngormat qaqqani angalaarpugut.	Vi tog i fjeldet i torsdags.
3.	Sapaatiummat naalagiarpisi?	Var I i kirke i søndags?
4.	Sapaat maajip 27-anni inunngorpoq.	Han blev født søndag d. 27. maj.
5.	Qanga aallarpit?	Hvornår tog du afsted?
6.	Marlunnggormat Nuummut aallarpunga.	Jeg tog til Nuuk i tirsdags.
7.	Arbejdede du i mandags?	Ataasinngormat sulivit?
8.	Jeg stod tidligt op i tirsdags.	Marlunnggormat makiaarpunga.
9.	Lørdag d. 15. april holdt de fest.	Arfininngorneq aprilip 15-anni festerput.
10.	I søndags var kirken låst.	Sapaatiummat oqaluffik parnaaqqavoq.
11.	Jeg ankom i går.	Ippassaq tikippunga.

S. 38, -SSA-

1.	Kikkut erruissappat?	Hvem skal vaske op?
2.	Qaqugu atuariartussavit?	Hvornår skal du i skole?
3.	Sapaatiuppat Ivik festissaaq.	Ivik skal feste på søndag.
4.	Aqaguagu katissaagut.	I overmorgen skal vi giftes.
5.	Kina nerisassiussava?	Hvem skal lave mad?
6.	Aappaagu atuakkanik qulinik atuassaanga.	Næste år skal jeg læse ti bøger.
7.	Ualeru Nivikka ilinniassaaq.	I eftermiddag skal Nivikka studere.
8.	Biilinik nutaanik pisissaanga.	Jeg skal købe en ny bil.
9.	Arfinermut makissaatit.	Du skal op kl. seks.
10.	Qulingiluanut innassaanga.	Jeg skal i seng kl. 21.
11.	Arfininngorpat tiimini qulini sulissaanga.	På lørdag skal jeg arbejde ti timer.
12.	Qimmeq angerlamut pangalissaaq.	Hunden skal løbe hjem.

S. 39, -RUSUP-, +NIAR-, -LER-

1. Tiitorusuppit? Aap, tiitorusuppunga. — Vil du have te? Ja, jeg vil gerne have te.
2. Aqagu tiimini marlunni arpakkusuppunga. — I morgen vil jeg løbe i to timer.
3. Ullumi allakkanik allakkusuppunga. — Jeg vil gerne skrive et brev i dag.
4. Aasianni najugaqarusuppunga. — Jeg vil gerne bo i Aasiaat.
5. Biilinik nutaanik piserusuppunga. — Jeg vil gerne købe en ny bil.

1. Iipilinik pingasunik pisiniarpunga. — Jeg vil købe tre æbler.
2. Unnugu aalisakkamik neriniarpunga. — Jeg har tænkt mig at spise fisk i aften.
3. Aqagu ikinngutigalu piniarniarpugut. — I morgen tager jeg og min ven på jagt.
4. Atuartut atuakkamik atuarniarput. — Eleverne vil læse en bog.
5. Qanoq oqarniarpit? — Hvad vil du sige?

1. Silataani siallilerpoq. — Det begynder at regne udenfor.
2. Nerisassiulerpunga. — Jeg går i gang med at lave mad.
3. Aataa oqaluttualerpoq. — Bedstefar begynder at fortælle.
4. Meeqqat tamarmik pinngualerput. — Børnene begyndte allesammen at lege.
5. Ukialerpat ilinnialissaanga. — Jeg begynder at studere til efteråret.

S. 40, fremtid

1. Vi ses på søndag! — Sapaatiuppat takuss'!
2. Har du lyst til at blive voksen? — Inersimasunngorusuppit?
3. Jeg var syg i slutningen af august — Aggusti naalermat napparsimavunga.
4. Hvornår er du født? — Qanga inunngorpit?
5. Hvornår skal du afsted? — Qaqugu aallassavit?
6. Jeg skal snart afsted. — Aallalerpunga.
7. I eftermiddag skal jeg bage kage. — Ualeru kaagiliussaanga.

S. 40, bussimi naapinneq

Det er sommer. Solen skinner. Ih, hvor er det varmt! Louise sveder.
Et barn siger: "Der er bussen!". Bussen dukker op. Den standser ved stoppestedet.
Louise stiger ind i bussen. Hun sætter sig ned. Barnet spørger: "Hvad hedder du?"
Louise svarer: "Jeg hedder Louise. Hvad med dig – hvad hedder du?"
Barnet svarer: "Søren".
Louise siger: "Er det rigtigt? Min søn hedder også Søren."
Søren rejser sig. Han siger: "Jeg skal af. Jeg vil købe en is i isbutikken."
Louise svarer: "Hav det godt. Vi ses."
Søren siger: "Ja, vi ses."

S. 42, ±MIIP-, ±MUKAR-

1. Niviaana atuarfimmiippoq. — Niviaana er på skolen
2. Uffarfimmiippit? — Er du på badeværelset?
3. Atuakkat tamarmik atuagaateqarfimmiipput. — Alle bøgerne er på biblioteket.
4. Iga angisooq sumiippa? — Hvor er den store gryde?
5. Makka Nikkulaallu igaffimmiipput. — Makka og Nikkulaat er i køkkenet.
6. Sumiippisi? Maaniippugut. — Hvor er I? Vi er her.

7. Familien Nielsen er i svømmehallen. — Nielsenikkut naluttarfimmiipput.
8. Vi er i Sisimiut idag. — Ullumi Sisimiuniippugut.
9. Sarfaq Ittuk (kystskibet) er i havnen. — Sarfaq Ittuk umiarsualivimmiippoq.
10. Er du i Nuuk? — Nuummiippit?
11. Mine forældre er i Ilulissat. — Angajoqqaakka Ilulissaniipput.
12. To fly er i lufthavnen. — Timmisartut marluk mittarfimmiipput.

1. Siorna Paamiunukarpugut. — Sidste år tog vi til Paamiut.
2. Utoqqaat illuannukarpit? — Er du taget til alderdomshjemmet?
3. Politikerit tamarmik oqaluffimmukarput. — Alle politikerne tog hen til kirken.
4. Meeqqat qiimasut pinnguartarfimmukarput. — De glade børn to hen på legepladsen.
5. Biilit kingumukarput. — Bilen/bilerne bakkede.
6. Qassinut Brugsenimukassavit? — Hvad tid tager du i Brugsen?

7. Jeg vil i Brugsen kl. 17. — Tallimanut Brugesnimukarniarpunga.
8. Jeg tager til Nuuk i morgen. — Aqagu Nuummukassaanga.
9. I tirsdags tog jeg til Uummannaq. — Marlunngormat Uummannamukarpunga.
10. I går gik jeg i fjeldet. — Ippassaq qaqqamukarpunga.
11. Familien Hansen har planer om at gå i teateret. — Hansenikkut isiginnaartitsivimmukarniarput.
12. Hvor skal du hen? Jeg skal til Nuuk. — Sumukassavit? Nuummukassaanga.

Sumiippit? — Hvor er du?
Aqagu sumukassavit? — Hvor skal du hen i morgen?

S. 45, pilluarit!

1.	Anigit!	Gå ud!
2.	Pisiniarfimmut iserit!	Gå ind i butikken!
3.	Sulilluarisi!	God arbejdslyst!
4.	Inuuinni pilluarit!	Tillykke med fødselsdagen!
5.	Siumukalaaritsi!	Gå (I) venligst fremad!
6.	Qaalaarit!	Kom lige!
7.	Sisimiunut tikilluaritsi!	Velkommen (I) til Sisimiut!
8.	Iserniaritsi!	Kom (I) da indenfor!
9.	Inuulluarna!	Lev vel!
10.	Qaaniarit!	Kom her!

S. 47, +TOR-, -LIOR-

1.	Ullaaq uunartumik kaffisorpunga.	Jeg drak varm kaffe i morges.
2.	Aamma tiitorpit?	Drak du også te?
3.	Naamik, kisianni appelsinjuicitorpunga.	Nej, men jeg drak appelsinjuice.
4.	Sutorpisi?	Hvad spiste/drak I?
5.	Marlunnik boorlutorpunga.	Jeg spiste to boller.
6.	I eftermiddags spiste min søn kage.	Ualeq ernera kaagisorpoq.
7.	Også din datter? Nej, hun spiste småkager.	Paniit aamma? Naamik, kaageerartorpoq.
8.	I aftes spiste vi grøntsager.	Unnuaq naatitartorpugut.
9.	Spiste I kød?	Neqitorpisi?
10.	Nej, men i går spiste vi fisk.	Naamik, ippaassaanili aalisagartorpugut.
1.	Ualeru kaagiliussaanga.	Jeg bager kage i eftermiddag.
2.	Kaffiliorpit? Suli qalanngilaq.	Har du lavet kaffe? Den er ikke færdig endnu.
3.	Angajoqqaakka nammineq illuliorput.	Mine forældre byggede selv huset.
4.	Uumasoq nipituumik nipiliorpoq.	Dyret lavede en høj lyd.
5.	Min lillesøster skrev en spændende bog.	Najaga pissanganartumik atuakkiorpoq.
6.	Børnene lavede mad i dag.	Ullumi meeqqat nerisassiorput.
7.	Jeg byggede en brun kajak.	Kajortumik qaanniorpunga.

S. 48, oversættelse af fødselsdagssangen:

Tillykke, fødselar,
gid du må leve længe!
Vi som er til din fødselsdagsfest,
vi har det alle sammen dejligt.

Lad os skåle vel, vi som er her,
lad os rejse os alle sammen:
Værten længe leve,
ham der fejrer (sin) dag.

Og gid også til næste år
du igen må nå hertil
og opleve herlige fødselsdage
hele dit liv.

S. 49, -NNGIT-

1. Anaanap nerisassiaa mamanngilaq.   Mors mad smager ikke godt.
2. Illuga tungujortuunngilaq.   Mit hus er ikke blåt.
3. Malu ataataqanngilaq.   Malu har ikke en far.
4. Unnuaq sinissinnaanngilanga.   Jeg kunne ikke sove i nat.
5. Qallunaat kalaallisut oqalussinnaanngillat.   Danskerne kan ikke tale grønlandsk.
6. Nunaqarfimmi oqaluffik anginngilaq.   Kirken i bygden er ikke stor.

1. Anaanap nerisassiaa mamarpoq.   Mors mad smager godt.
2. Illuga tungujortuuvoq.   Mit hus er blåt.
3. Malu ataataqarpoq.   Malu har en far.
4. Unnuaq sinissinnaavunga.   Jeg kunne sove i nat.
5. Qallunaat kalaallisut oqalussinnaapput.   Danskerne kan tale grønlandsk.
6. Nunaqarfimmi oqaluffik angivoq/angisuuvoq.   Kirken i bygden er stor.

S. 50, ajorpoq

1. Ajorpunga.
2. Ajorputit.
3. Ajorpoq.
4. Ajorpugut.
5. Ajorpusi.
6. Ajorput.

7. Ajunngilanga.
8. Ajunngilatit.
9. Ajunngilaq.
10. Ajunngilagut.
11. Ajunngilasi.
12. Ajunngillat.

1.	Er vejret fint?	Sila ajunngila?
2.	Ja, vejret er ok i dag.	Aap, ullumi sila ajunngilaq.
3.	Går det godt med Ina?	Ina ajunngila?
4.	Nej, hun har det dårligt.	Naamik, ajorpoq.
5.	Er kaffemaskinen ok?	Kaffiliorfik ajunngila?
6.	Nej, den er i stykker.	Naamik, ajorpoq.
7.	Virker telefonerne?	Oqarasuaatit ajunngillat?
8.	De virker desværre stadig ikke.	Ajoraluartumik suli ajorput.

S. 52, +TAR-

1.	Naasut tipigittarput.	Blomster dufter godt.
2.	Alussaammik nerisarpoq.	Hun plejer at spise med ske.
3.	Kaffisortarpit? Aap, kaffisortarpunga.	Drikker du kaffe? Ja, jeg drikker kaffe.
4.	Immulertarpit? Naamik, sukkulertarpunga.	Bruger du mælk? Nej, jeg bruger sukker.
5.	Jeg taler grønlandsk.	Kalaallisut oqaluttarpunga.
6.	Bikki arbejder i butikken.	Bikki pisiniarfimmi sulisarpoq.
7.	Musikerne plejer at skrive gode sange.	Nipilersortartut ajunngitsunik erinniortarput.
8.	Barnet plejer at drikke te.	Meeraq tiitortarpoq.

1.	Sapaatikkut Nivinnguaq arpattarpoq.	Om søndagen løber Nivinnguaq.
2.	Unnuit tamaasa nerisassiortarpunga.	Jeg laver mad hver aften.
3.	Weekendini arsaattartunik isiginnaartarpunga.	I weekenderne ser jeg fodbold.
4.	Ukiut tamaasa Tyrkiamut aallartarpugut.	Vi rejser til Tyrkiet hvert år.
5.	Arfininngornikkut iffiorfimmukarpunga.	Jeg går til bageren om lørdagen.

1. Ataasinngormat Ivik sulivoq.   I mandags arbejdede Ivik.
2. Ataasinngornikkut Ivik sulisarpoq.   Om mandagen arbejder Ivik.
3. Jonathan arbejder på fredag.   Tallimanngorpat Juuntaat sulissaaq.
4. Jonathan arbejder om fredagen.   Tallimanngornikkut Juuntaat sulisarpoq.

På dansk markeres gentagelse primært i tidsudtrykkene – fx om mandagen. Man kan ikke se af selve handlingen, om den er gentaget.

På dansk kan nutidsformerne både bruges om nutiden og om fremtiden.

S. 53, +NEQ ajor-

1. Ullaakkut Maria kalaallisut ilinniartarpoq.   Maria går til grønlandsk om morgenen.
   Ullaakkut Maria kalaallisut ilinniarneq ajorpoq.   Maria går ikke til grønlandsk om morgenen.
2. Unnukkut Ivik qallunaatut ilinniarneq ajorpoq.   Om aftenen går Ivik ikke til dansk.
   Unnukkut Ivik qallunaatut ilinniartarpoq.   Om aftenen går Ivik til dansk.
3. Ullumi Janne sulinngilaq.   I dag arbejder Janne ikke.
   Ullumi Janne sulivoq.   I dag arbejder Janne.
4. Unnukkut Liv nalunneq ajorpoq.   Om aftenen svømmer Liv ikke.
   Unnukkut Liv naluttarpoq.   Om aftenen svømmer Liv.
5. Pujortartarpit?   Ryger du?
   Pujortarneq ajorpit?   Er du ikke-ryger?
6. Pujortarneq ajorpunga.   Jeg ryger ikke.
   Pujortartarpunga   Jeg er ryger.
7. Aqagu sulissanngilatit?   Skal du ikke arbejde i morgen?
   Aqagu sulissavit?   Skal du arbejde i morgen?
8. Tiitortarpit?   Drikker du te?
   Tiitorneq ajorpit?   Drikker du ikke te?

S. 54, transitive endelser

Venstre kolonne er transitiv/dobbeltkongruerende.

S. 56, asuliinnaq

suliariumannittussarsiuusseqqittoqartussanngoraluarluni
Man skal igen til at lede efter nogen der vil udføre opgaven

aningaasaateqarfiliuunneqarsinnaanngoraluarpulluunniit
Der kunne endda samles penge ind til dem

isumaqatigiissuteqarfigineqarsimagaluaraangalluunniit
Hver gang der ovenikøbet er indgået en kontrakt med vedkommende

S. 57, ordbogsøvelse

Aqagu, i morgen, adverbium

Ippassaq, i går, adverbium

Sinippoq, han/hun/den sover, verbum, sinip- +voq

+NIAR-, prøver at / agter at, tilhæng (v-v)

Arnat, kvinder, nomen, arnaq -t

Marluk, to, nomen

Iterpunga, jeg vågnede, verbum, iter- +vunga

+(V)VIK, sted hvor man gør noget, tilhæng (v-n)

Soraassagaluarpoq, han/hun skulle ellers have fri, verbum, soraar- -SSA- (v-v) +GALUAR- (v-v)
    +voq

Tuttunniarpunga, jeg var på rensdyrjagt, verbum, tuttu +NNIAR- (n-v) +vunga

Atuakkat, bøger, nomen, atuagaq -t

Kisianni, men, konjunktion

+SINNAA-, kan, tilhæng (v-v)

-SSA-, skal (fremtid), tilhæng (v-v)

Atuarfiit, skoler, nomen, atuarfik -it

Nukaluunniit, eller Nuka / lillebror / lillesøster, nomen, Nuka +LUUNNIIT

Meeqqat, børn, nomen, meeraq -t

Pakkalussat, sommerfugle, nomen, pakkaluaq -t

Qaqugu, hvornår, adverbium

Timmisinnaapput, de kan flyve, verbum, timmi- +SINNAA- (v-v) +pput

Timmissinnaavorlu, og han kan have diarré, verbum, timmip- +SINNAA- (v-v) +voq +LU

Erneralu, og hendes søn / og min søn, nomen, erneq ±a/+ga +LU

S. 59-60, repetition

1. Ataataga Larsimik ateqarpoq.	Min far hedder Lars.
2. Qanoq ateqarpit?	Hvad hedder du?
3. Larsikkut 2010-mi Nanortalimmut nuupput.	Lars og familien flyttede til Nanortalik i 2010.
4. Qanga nuuppit?	Hvornår flyttede du?
5. Uanga Iluliarmiuuvunga.	Jeg er fra Ilulissat.
6. Sumiuuit?	Hvor er du fra / Hvor hører du til henne?
7. Larsip nulia meeqqerivimmi sulisarpoq.	Lars' kone arbejder i en børnehave.
8. Sumi sulisarpit?	Hvor arbejder du?
9. Lars inatsisilerisuuvoq.	Lars er jurist.
10. Sutut sulisarpit?	Hvad arbejder du som?
11. Kusanartunik atisaqartarpoq.	Han plejer at have pænt tøj på.
12. Qaqortumik ilulleqartarpoq.	Han plejer at have en hvid skjorte på.
13. Qarlii qasertuupput.	Hans bukser er grå.
14. Qanoq isikkoqarpit?	Hvordan ser du ud?
15. Pisortara Sisimiunukarusuppoq.	Min chef vil gerne til Sisimiut.

16. "Angalalluarina," oqarpunga. "God rejse", siger jeg.
17. Sumukarusuppit? Hvor vil du gerne hen?
18. Pisortara Sisimiuniippoq. Min chef er i Sisimiut.
19. Illit sumiippit? Hvor er du?
20. KNR-imit sulisoq sianerpoq. En ansat fra KNR ringer.
21. Ajoraluartumik pisortara sulinngilaq. Desværre er min chef ikke på arbejde.
22. "Sianeqqissinnaavit?" aperivara. "Kan du ringe igen?", spørger jeg hende.
23. Ataasinngorpat sianeqqilaarit! Ring venligst igen på mandag.
24. Ataasinngorpat sianeqqissaaq. Hun vil ringe igen på mandag.
25. Arfininngormat sulinngilanga. I lørdags var jeg ikke på arbejde.
26. Ippassaq sulivit? Arbejdede du i går?
27. Larsikkunnut pulaarpunga. Jeg besøgte Lars og familien.
28. "Sutussavit?" aperivaanga. "Hvad vil du have", spurgte han mig.
29. "Kaffeqarpa?" aperivunga.. "Er der kaffe?", spurgte jeg.
30. "Aap, kaffeqarpoq," akivoq. "Ja, der er kaffe", svarede han.
31. Larsilu kaffisorpugut. Lars og jeg drak kaffe.
32. Nulia tiitorpoq. Hans kone drak te.
33. Taanna kaffisorneq ajorpoq. Hun drikker ikke kaffe.
34. Tiitortarpit? Drikker du te?
35. Kaalerpunga. Jeg blev sulten.
36. Iffiartorpugut. Vi spiste brød.
37. Larsikkut biileqarput. Lars og familien har en bil.
38. Mittarfimmut biilerpugut. Vi kørte i bil til lufthavnen.
39. Mittarfimmi aappaluttumik timmisartoqarpoq. Der var en rød flyver i lufthavnen.
40. "Qassinut aallassavit?" aperivaannga. "Hvad tid skal du afsted?" spurgte de mig.
41. "Pingasunut aallassaanga," akivakka. "Jeg skal afsted kl. 3", svarede jeg dem.
42. "Apuulluarina," innuulluaqquaannga. "Kom godt frem", ønskede de mig.
43. "Aasaru takuss," akivunga. "Vi ses til sommer," svarede jeg.
44. Qaqugu takoqqissaagut? Hvornår ses vi igen?